Informer n'est pas communiquer

Dominique Wolton

Informer n'est pas communiquer

CNRS ÉDITIONS
15, rue Malebranche - 75005 Paris

DANS LA MÊME COLLECTION :

Régis Debray, *Le Dialogue des civilisations : un mythe contemporain*, 2007

Jean Malaurie, *Terre mère*, 2008

Pierre Nora et Françoise Chandernagor, *Liberté pour l'Histoire*, 2008

Michel Maffesoli, *Apocalypse*, 2009

Maurice Godelier, *Communauté, Société, Culture. Trois clefs pour comprendre les identités en conflits*, 2009

Henri Tincq, *Catholicisme : le retour des intégrismes*, 2009

ISBN : 978-2-271-06820-0

à D ; El ; Ed

Dominique Wolton est fondateur et directeur de l'Institut des sciences de la communication du CNRS (ISCC), et de la revue *Hermès*.

Du même auteur

Mc Luhan ne répond plus. Communiquer c'est cohabiter
Editions de l'Aube, 2009, 121 p.

Demain, la francophonie. Pour une autre mondialisation
Flammarion, 2006, 195 p.

Mondes francophones.
Auteurs et livres de langue française (dir.)
ADPF, Ministère des Affaires Etrangères, 2006, 450 p.

Il faut sauver la communication
Flammarion, 2005, 220 p. Version poche, Champs, Flammarion, 2007 - Traductions étrangères.

Télévision et civilisations
Entretiens avec H. Le Paige, Bruxelles, Belgique, Labor, 2004, 135 p.

La Télévision au pouvoir. Omniprésente, irritante, irremplaçable (dir.)
Universalis, coll. « le tour du sujet », 2004, 195 p.

Francophonie et Mondialisation (dir.)
Revue *Hermès*, n° 40, CNRS Éditions, 2004, 420 p.

L'Autre mondialisation
Flammarion, 2003, 211 p. Version poche, Champs, Flammarion, 2004. Traductions étrangères.

(Suite à la fin de l'ouvrage)

Introduction

Communiquer. C'est négocier et cohabiter

« Informer n'est pas communiquer ». Pour la plupart d'entre nous, cela signifie, l'information est sérieuse, la communication ne l'est pas. Oui à l'information, non à la communication, toujours soupçonnée de séduction et de manipulation. Voilà le stéréotype commun. C'est l'inverse que je souhaite démontrer. La communication est plus complexe que l'information, pour trois raisons.

D'abord, s'il n'y a pas de communication sans information, la communication est toujours plus difficile car elle pose la question de la relation, donc celle de l'autre. Avec l'incertitude du résultat car l'émetteur est rarement en ligne avec le récepteur. Et réciproquement.

Ensuite, parce qu'une contradiction existe entre la légitimité de l'information et le discrédit de la communication, alors que les hommes n'ont jamais passé autant de temps, depuis un demi-siècle, pour essayer de communiquer, ni dépensé autant d'argent pour acquérir des techniques toujours plus sophistiquées pour essayer d'y arriver. Pourquoi dévaloriser et critiquer cette activité et y consacrer autant de temps, d'énergie et d'argent ? Dévaloriser la communication, désespérément recherchée par chacun, dans sa vie privée, professionnelle, politique, sociale, c'est finalement se dévaloriser soi-même.

Enfin, comment identifier le bien à l'information, et le mal à la communication, alors que pendant deux siècles les deux ont été indissociables dans le combat pour l'émancipation individuelle et collective ? Aucune information n'existe sans un projet de communication. Il y a comme une sorte de schizophrénie dans cette volonté de diaboliser l'une pour encenser l'autre. Quant aux techniques, de la téléphonie à la radio, de la télévision à l'informatique, elles jouent depuis toujours un rôle essentiel dans l'émancipation individuelle, collective et sont omniprésentes dans nos vies…

C'est pourquoi mon travail depuis des années vise à ne pas dissocier la « bonne » information de la « mauvaise » communication, et à penser les deux ensemble. En soulignant le paradoxe actuel : l'omniprésence des techniques, dans un monde ouvert, saturé d'informations, ne suffit plus à diminuer les apories de la communication.

Dans ce livre, j'entends renverser le stéréotype dominant et montrer pourquoi le vrai défi concerne davantage la communication que l'information. Non seulement il ne suffit plus d'informer pour communiquer, car l'omniprésence des informations rend la communication encore plus difficile, mais de plus la révolution de l'information conduit à l'incertitude de la communication. Résultat imprévisible. Le problème n'est plus seulement celui de l'information mais davantage celui des conditions à satisfaire pour que des millions d'individus communiquent, ou plutôt arrivent à cohabiter dans un monde où chacun voit tout et sait tout et où les innombrables différences linguistiques, philosophiques, politiques, culturelles, religieuses rendent encore plus difficile la communication et la tolérance. En un mot l'information, c'est le message, tandis que la communication, c'est la relation, beaucoup plus complexe.

L'enjeu est moins de partager ce que l'on a en commun que d'apprendre à gérer les différences qui nous séparent. Et ce au plan individuel autant que collectif. Finalement dans la communication, le plus simple reste du côté des messages et des techniques, le plus compliqué du côté des hommes et des sociétés.

Le XIXe siècle fut celui de la révolution de l'information, avec la conquête des libertés. Le XXe celui de la victoire de l'information et des techniques, avec l'émergence de la communication, ouverte à tous. Le XXIe siècle celui de la cohabitation, au sens des conditions d'une cohabitation possible entre points de vues différents, dans un monde tout petit où les individus savent tout, et dont on ne peut s'échapper.

On est loin du discours classique en faveur de l'information et hostile à la communication. Il n'est plus possible de les hiérarchiser. Les deux sont à penser ensemble avec une complexité supplémentaire pour la communication, confrontée à la triple question de la relation, de l'altérité et du récepteur. C'est d'ailleurs la victoire même de l'information ces deux derniers siècles, qui oblige à redéfinir le statut de la communication. Avec la victoire de l'information, on n'avait fait que la moitié du chemin.

L'enjeu de ce livre ? *Repenser* la communication à l'heure du triomphe de l'information et des techniques qui l'accompagnent.

La crise du capitalisme, depuis l'automne 2008, va d'ailleurs accélérer une réflexion critique sur la dimension politique des rapports entre information, technique et communication. Pour la première fois dans l'histoire du monde, les peuples ont suivi en direct la crise et ses conséquences. Nul doute qu'après une phase de sidération, cette information abondante suscitera une critique substantielle à l'égard des économistes, journalistes, hommes politiques, universitaires, technocrates qui n'ont pas su, ou voulu voir venir la catastrophe. Des comptes, des autocritiques seront demandés.

Cette crise est aussi celle d'une information financière jamais contrôlée et indissociable d'Internet, posant une fois de plus la question politique de *la régulation* de cet outil, si l'on veut réellement en faire un instrument de liberté.

Au-delà de la spéculation c'est la vitesse de circulation des informations ; l'absence de contrôle ; la dérégulation ; l'oubli de l'intérêt général qui sont en cause. C'est le premier événement politique mondial obligeant à repenser les défis politiques de l'information et de la communication. Un peu comme les crises de l'écologie avaient, il y a une quarantaine d'années, accéléré une prise de conscience politique, aujourd'hui acquise, concernant les enjeux politiques de l'environnement.

Tel est le défi : perpétuer, dans un monde saturé d'information, de communication et de technique, la valeur d'émancipation qui fut les leurs depuis le XVIe siècle. Empêcher que l'information et la communication, hier facteurs de rapprochement, deviennent des accélérateurs d'incompréhension et de haine. Justement parce que toutes les différences et altérités sont visibles. C'est tout le sens de mes recherches depuis trente ans : refonder les valeurs d'émancipation de l'information et de la communication dans un contexte où elles sont devenues omniprésentes et terriblement polysémiques.

Chapitre I

Une théorie de la communication

La révolution du XXIe siècle n'est pas celle de l'information, mais celle de la communication. Pas celle du message mais celle de la relation. Pas celle de la production et de la distribution de l'information par des techniques sophistiquées, mais celle des conditions d'acceptation, ou de refus, par ces millions de récepteurs, tous différents, et rarement en ligne avec les émetteurs. Les récepteurs, destinataires de l'information, compliquent la communication. L'information butte sur le visage de l'autre. On rêvait du village global, on redécouvre la tour de Babel.

I – Une théorie de la communication

La diversité des récepteurs rend caduque la théorie dominante. Plus d'informations diffusées plus rapidement, de manières plus égalitaires, n'augmentent pas la communication et l'intercompréhension. Les récepteurs, c'est-à-dire les individus et les peuples, résistent aux informations qui les dérangent et veulent pouvoir donner leurs visions du monde. L'incommunication devient l'horizon de la communication, obligeant à des négociations constantes pour arriver à cohabiter.

Le paradoxe ? C'est la victoire de l'information qui révèle cette difficulté croissante de la communication. Pendant des siècles les deux mots ont été sinon quasi synonymes, en tous cas conjoints dans la bataille pour la liberté d'expression, l'émancipation politique et les droits de l'homme. Aujourd'hui, c'est plutôt l'information qui s'impose, accentuant l'idée d'une communication « automatique ». Demain, c'est la problématique de la communication, c'est-à-dire des conditions d'acceptabilité et de négociation, par les récepteurs, des informations reçues de toute part, qui deviendra le défi essentiel. *L'information est devenue abondante, la communication rare*. Produire de l'information, en échanger ou y accéder ne suffit plus à communiquer.

Hier, avec des techniques limitées, les messages échangés concernaient des publics plus homogènes. Aujourd'hui, les messages sont innombrables, les techniques presque parfaites, les récepteurs de plus en plus nombreux, hétérogènes et réticents. Non seulement du fait des langues, mais aussi des représentations, cultures, visions du monde qui s'entrechoquent. L'accélération de la production et de la transmission d'un nombre croissant d'informations ne suffit plus à créer davantage de communication. Elles amplifient même malentendus et contentieux. C'est la première fois dans l'histoire que se produit un tel découplage.

C'est en cela que l'information et la communication deviennent un des enjeux de paix et de guerre du XXIe siècle. Comment arriver à cohabiter quand on « ne s'entend pas », quand les différences sont rendues visibles par des techniques sans cesse plus sophistiquées ? Ou bien l'on arrive à organiser la cohabitation entre points de vue différents, avec la double contrainte de respecter *à la fois* la diversité des identités *et* un cadre commun de communication. Ou bien les ghettos et les communautarismes enfermeront les uns et les autres dans des identités plus ou moins belliqueuses. Et l'on devine comment l'échelle de la mondialisation accentue ce risque. C'est donc bien parce qu'il y a de plus en plus d'informations qu'il y a de plus en plus d'incommunication. Résultat impensable il y a seulement trente ans.

L'information

Que faut-il entendre par l'information, le message, la communication et la relation ? Il y a trois grandes catégories d'informations, par oral, image, texte, données, qui peuvent s'intégrer à n'importe quel support. *L'information-nouvelle* liée à la presse. *L'information-service* en pleine expansion mondiale, notamment avec Internet. *L'information-connaissance* liée à l'essor des banques et bases de données. Reste *l'information relationnelle* qui traverses toutes les catégories et qui renvoie à l'enjeu humain de la communication.

La communication

On communique pour d'innombrables raisons, mais on peut en distinguer trois, souvent mêlées et différemment hiérarchisées selon les circonstances, mais qui nous poussent toujours à vouloir entrer en contact avec quelqu'un. D'abord le *partage*. Chacun cherche à communiquer pour partager, échanger. Enjeu humain, affectif, fondamental et indépassable. Vivre c'est communiquer et chercher à échanger avec autrui, le plus souvent et le plus authentiquement possible. Ensuite *la séduction*, inhérente à tous les rapports humains et sociaux. Enfin la *conviction* liée à toutes les logiques d'argumentation utilisées pour expliquer et répondre aux objections. L'idéal de la communication est évidemment celle qui est liée au partage, aux sentiments, à l'amour. C'est en tout cas la situation où la communication traverse le présent, retrouve le passé, rend tout possible pour l'avenir. Moments de grâce... La communication est dans ce livre centrée sur les usages de la voix, du texte, des images, à l'exception, faute de place, de la communication physique non verbale. Et pourtant chacun sait bien qu'un geste, un regard, un sourire en disent bien plus long que les mots. Sans parler des silences qui souvent affirment le contraire des mots et des gestes. Ici on reste dans la définition classique où l'information renvoie à l'unité et au message. La communication en revanche, renvoie à l'idée de relation, partage, négociation. Hier l'horizon normatif était d'arriver à établir la communication, aujourd'hui il est plutôt de gérer l'incommunication, par la négociation, pour construire une cohabitation.

Le récepteur

C'est la troisième rupture. Non seulement il ne suffit plus d'informer pour communiquer parce qu'il y a de plus en plus de messages et que la communication nécessite un tri, mais aussi parce que le rôle des récepteurs est croissant.

Les récepteurs négocient, filtrent, hiérarchisent, refusent, acceptent les innombrables messages qu'ils reçoivent, que *nous* recevons quotidiennement. Le récepteur, qui n'a jamais été passif, est de plus en plus actif pour résister au flux d'information qui s'adresse à lui. On devrait d'ailleurs parler plutôt du *récepteur-acteur* pour souligner la dimension dynamique que requiert cette fonction. Revaloriser le statut du récepteur-acteur, c'est aussi revaloriser la problématique même de la communication comme l'ont fait des auteurs contemporains, hélas trop rares, comme Jürgen Habermas, Umberto Eco, Michel Serres, Edgar Morin, Régis Debray et quelques autres. Rien de plus simpliste que les innombrables discours plus ou moins hostiles à la communication qui dévalorisent le statut du récepteur, toujours soupçonné d'être un peu stupide et facilement manipulable. De toutes façons, c'est toujours l'autre qui est influençable, jamais soi.

La communication résulte d'un jeu complexe à trois. Le récepteur n'a pas toujours raison, loin de là, sinon sa dictature s'impose, mais il oblige à passer de l'idée de transmission à celle de négociation. Hier, communiquer c'était transmettre car les rapports humains étaient le plus souvent hiérarchiques. Aujourd'hui, c'est la plupart du temps négocier car les individus et les groupes se trouvent davantage en situation d'égalité. *Le concept de négociation appartient d'ailleurs à la culture démocratique.* Pas de négociation dans une société autoritaire ou totalitaire. Si l'on regarde bien la réalité, chacun passe son temps aujourd'hui à négocier, dans le couple, la famille, l'école, l'entreprise, la société, l'Europe, le monde… Beaucoup moins de choses s'imposent, beaucoup plus se négocient. Et plus les individus sont informés, plus ils critiquent et négocient.

Je peux ici résumer les cinq étapes du schéma qui explique la théorie de la communication que je défends, et qui concerne autant la communication humaine que celle médiatisée par les techniques.

Premièrement. La communication est inhérente à la condition humaine. Pas de vie personnelle et collective sans volonté de parler, communiquer, échanger à l'échelle individuelle et collective. Vivre c'est communiquer. *Deuxièmement.* Les êtres humains souhaitent communiquer pour trois raisons. Partager. Convaincre. Séduire. Et très souvent pour les trois simultanément. Même si cela n'est pas toujours revendiqué. *Troisièmement.* La communication butte sur l'incommunication. Le récepteur n'est pas en ligne, ou pas d'accord. *Quatrièmement* s'ouvre une phase de négociation où les protagonistes, plus ou moins librement et égalitairement, négocient pour trouver un point d'accord. *Cinquièmement* le résultat, quand il est positif, s'appelle la cohabitation, avec ses forces et faiblesses. La négociation et la cohabitation comme procédure pour éviter l'incommunication et ses conséquences, souvent belliqueuses.

*

* *

Cette théorie de la communication, apparemment modeste, repose sur l'hypothèse qu'aucun individu, aucune société ne peut échapper à la communication. *Avec cinq conséquences.* L'horizon de la communication est le plus souvent l'incommunication, visible notamment dans la discontinuité entre information et communication ; l'impossibilité de réduire la communication à la performance technique ; l'obligation de la négociation entre partenaire, et l'horizon de la cohabitation. Cette incommunication structurelle nécessite évidemment l'égalité des protagonistes, sinon il n'y a pas négociation, ce qui fait de la communication contemporaine une réalité indissociable de la culture démocratique et un processus beaucoup plus large que la simple expression. Pas de communication donc sans un minimum de temps, de respect et de confiance mutuelle, faisant de la *tolérance* une des conditions structurelles de tout processus de communication. Enfin toute théorie de la communication porte en elle une vision implicite de la société, et des rapports sociaux, selon que l'on accepte un modèle plus ou moins ouvert, égalitaire, ou hiérarchique. La conception défendue ici est humaniste, avant d'être technique, faisant de l'échange l'horizon de toute l'expérience humaine et sociale. C'est aussi une conception politique, au sens où elle privilégie la négociation en vue de l'établissement d'un compromis.

*

* *

Il y a finalement deux conceptions de la communication qui s'opposent. La première, largement dominante, insiste sur la performance des techniques comme progrès de la communication dans une sorte de continuum, avec son prolongement en faveur des industries qui sont aujourd'hui le secteur le plus en expansion dans le monde. La seconde, minoritaire, à laquelle j'adhère, qui part de la dimension anthropologique de la communication et privilégie les processus politiques à mettre en œuvre pour éviter que l'horizon de l'incommunication, entre les individus et les peuples, ne devienne source de conflits. Deux conceptions qui n'ont pas le même rapport à l'homme et à la technique.

*

* *

C'est ce modèle théorique qui structure les recherches empiriques que je mène depuis de nombreuses années dans les cinq domaines suivants : les rapports entre sciences et techniques ; les médias de masse et Internet ; l'espace public et la communication politique ; la mondialisation, la diversité culturelle et l'Europe ; les rapports entre les sciences, les théories de la connaissance et la communication.

II – De la révolution de l'information aux incertitudes de la communication

On a peut être mangé le pain blanc de la révolution de l'information et de la communication, même s'il a fallu trois siècles de batailles pour y arriver. Tout se complique avec la généralisation de l'information, la diversité des récepteurs, leur sens critique, et la mondialisation. De toute façon, on avait jusqu'à présent une vision simple de l'information réduite à un message, le plus souvent univoque, et celle d'un récepteur finalement peu complexe. Avec une sorte de continuum entre les deux et l'idée que l'information plus abondante, et rapide, devait créer plus de communication. C'était le modèle universel de la communication. Il réclame un aggiornamento. Et ce malgré, ou à cause, du progrès foudroyant des techniques de communications en un siècle : la téléphonie (1880), la radio (1900), la télévision (1930), l'informatique (1940), les réseaux (1980).

On rêve tous de se comprendre. On en découvre vite la difficulté. Même enfant. Avec la communication c'est toujours la question de *l'autre* qui surgit, finalement la plus compliquée aussi bien au niveau de l'expérience individuelle que collective malgré l'omniprésence des techniques, leur performance et la liberté des individus. Tout devait aller plus vite, tout va de plus en plus lentement. Il suffit de voir le temps que nous passons à essayer de nous comprendre malgré la panoplie de techniques interactives et sophistiquées à notre disposition. C'est que le diable de l'altérité s'infiltre dans tous nos échanges. Et « l'autre », c'est moi, lui, elle, chacun. Ou pour le dire autrement, *l'incommunication constitue l'horizon de la communication.* Et l'incommunication, si fréquemment rencontrée entre générations, est une sorte de métaphore de l'incommunication en général. Renversement complet par rapport au schéma politique et culturel qui a présidé à la double révolution de l'information et de la communication depuis le XVIe siècle. Le village global est une réalité technique, mais ni sociale, ni culturelle, ni politique.

On ne pouvait d'ailleurs découvrir les limites de la communication qu'après la victoire de l'information dont internet est aujourd'hui le symbole. C'est cette découverte de l'incommunication qui oblige à repenser la communication et en fait un des enjeux politiques fondamentaux du début du XXIe siècle. *Comment cohabiter pacifiquement dans un univers où tout le monde voit tout et sait tout et où les différences sont plus visibles et moins négociables ?* D'où la nécessité du glissement de l'idée de partage à celle de négociation et de cohabitation, rendant encore plus visible le lien entre communication et démocratie. Qu'est ce que la démocratie en effet, si ce n'est la négociation et la cohabitation pacifique de points de vue souvent antagoniques ? C'est pourquoi le concept de communication ne pouvait s'imposer, comme grand concept humaniste et démocratique, qu'après toutes les révolutions visant à installer la liberté et l'égalité des individus.

On est loin de la communication réduite à la com. *La com. ?* C'est la volonté de plaire, séduire, convaincre. Finalement presque la même chose que la communication. Avec là aussi le désir que cela réussisse… Chacun y recourt quotidiennement, et dans tous les métiers, et à tous les niveaux hiérarchiques. Et à tous les âges. Qui ne veut pas plaire ? Mais personne ne veut le reconnaître. Comme si la vie n'était que de la rationalité et du sérieux, sans émotion. Quel programme ! Etrange processus que cette dévalorisation constante de la com., après laquelle nous courons tous sans jamais le reconnaître, et tout aussi difficile d'ailleurs à réussir que la communication. Plus facile donc de diaboliser la com. que de constater qu'elle est souvent l'antichambre de la communication. Elle est le parfait bouc émissaire des batailles de la communication que nous avons perdues. Il y a plus ; on reproche à la com. les stratégies de séduction et de manipulation. Mais qui n'a pas essayé, dans sa vie, l'une et l'autre ? Merveilleuse hypocrisie, qui permet là-aussi de masquer le fait qu'il n'est pas toujours si facile de séduire et manipuler l'autre …

D'où l'intérêt, et la fascination, pour le *progrès technique*. Là au moins, il y a moins d'ambiguïté et plus de rationalité. Même si au bout des réseaux, des techniques, il n'y a pas d'autres réseaux, mais des hommes et des sociétés. Avec la technique tout se simplifie, avec les hommes et les sociétés tout se complique. *En fait, la communication* recouvre trois dimensions. La plus visible et satisfaisante, la technique. La plus compliquée, la plus lente à déchiffrer et à piloter, la dimension culturelle. La plus prometteuse, avec la multiplication des échanges et des techniques, la dimension économique.

On peut donc dire que les horizons de la communication sont : le partage, la conviction, la séduction, l'influence, la cohabitation et l'incommunication. Et si les systèmes techniques sont en ligne, les hommes et les sociétés le sont rarement, c'est pourquoi le progrès technique est à la fois le meilleur et le pire de la communication. Il a permis de sortir de la communication fermée et de multiplier les messages et les échanges, mais il n'a pas augmenté la communication proportionnellement à la performance des outils. Il a rendu plus visible les épreuves de l'incommunication. Terrible renversement dont on ne veut pas réaliser l'impact tant, par exemple depuis vingt ans, le monde entier saute à pieds joints dans le mythe d'Internet, persuadé que 6,5 milliards d'internautes permettraient une « authentique » communication…

La communication résulte dans sa forme contemporaine de la triple révolution, des libertés humaines, des modèles démocratiques et des progrès techniques. On est aujourd'hui à la croisée des chemins. Deux autres idéologies menacent la communication. L'*individualisme*, c'est-à-dire la réduction de la communication à l'expression et à l'interactivité. Le *communautarisme* c'est-à-dire la marginalisation de la question de l'altérité, et la possibilité de s'enfermer dans les espaces virtuels.

III – Communiquer, c'est cohabiter

La difficulté vient aussi du fait que l'information et la communication ont chacune deux facettes plus ou moins contradictoires, mais indissociables. Une dimension *normative* qui, pour l'information, renvoie à l'idée de vérité et pour la communication, à celle de partage. Une dimension *fonctionnelle*, beaucoup plus instrumentale liée au fait que dans les sociétés contemporaines, finalement très complexes, on ne peut vivre sans informations, échanges, interactions. Repenser les rapports entre information et communication c'est donc prendre les deux concepts dans leur double acception, sans discriminer. Car de toutes façons ce sont leurs dimensions normatives qui en sont l'horizon : la vérité pour l'information, le partage pour la communication. Autrement dit de l'information la plus légère à la communication la plus mercantile, l'horizon est finalement le même : la recherche de l'autre et de la relation. Preuve que les individus n'oublient jamais les idéaux d'intercompréhension qui subsistent derrière les recettes ou les caricatures. C'est en cela que l'idéologie de l'information et de la communication, malgré tous leurs travers et déformations, participent du même idéal démocratique. Avec « la com. », comme avec « l'information people » on est *encore* dans le même espace référentiel. Il faut donc prendre ensemble les dimensions fonctionnelles et normatives tant de l'information que de la communication. Cela représente quatre dimensions qui contribuent conjointement au lien social.

C'est aussi la raison pour laquelle l'information et la communication, au-delà de toutes leurs ambiguïtés, participent à la grande question de la « *société individualiste de masse* » où chacun recherche simultanément ces deux valeurs contradictoires : la liberté individuelle, l'égalité de tous. Qu'est-ce qui fait lien dans les sociétés ouvertes où toutes les différences sont tolérées, en tous cas revendiquées et affirmées ? Comment concilier liberté et égalité, individualisme et identité collective ? *La communication est une problématique de la cohabitation et du lien social, contemporaine d'une société de mouvement, d'interactivité, de vitesse, de liberté et d'égalité.* Ce *lien social*, si fragile dans des sociétés ouvertes, exposées aux grands vents d'une mondialisation sans boussole et dont j'espère que cette théorie de la communication, centrée sur la cohabitation, peut contribuer à en renouveler les conditions théoriques et pratiques.

Hier le lien social renvoyait aux relations entre des structures sociales et culturelles relativement stables. Aujourd'hui, c'est presque l'inverse, tout est en interaction. Les processus d'information et de communication contribuent à structurer, au travers des multiples interactions, ce nouvel espace public, au lien social plus dynamique et fragile. La valorisation du concept de cohabitation aide ainsi à renouveler la réflexion sur la nature du lien social dans les sociétés contemporaines où les interactions entre les protagonistes sont plus nombreuses et contradictoires. Privilégier la cohabitation dans la communication, et dans le fonctionnement de l'espace public, c'est donc réfléchir aussi à la nécessité de gérer à la fois les différences inhérentes à nos sociétés *et* le maintien d'un principe d'unité, avec en perspective, un renouvellement des caractéristiques contemporaines du lien social. D'ailleurs qu'est-ce que le lien social, si ce n'est ce miracle : faire tenir ensemble dans une société, des individus, des groupes, des communautés, des classes sociales que tout sépare par ailleurs ?

En somme, communication, cohabitation et lien social sont constitutifs de la modernité et d'une autre vision de l'espace-temps. La communication reflète *bien* les aspirations contradictoires de nos sociétés contemporaines où l'on adhère simultanément à des valeurs souvent opposées : liberté et égalité, ouverture et identité, mondialisation et localisme. Le concept normatif de la *cohabitation* se trouve être finalement assez emblématique des caractéristiques de la société contemporaine. *La cohabitation comme symbole d'une perspective normative visant à faire tenir ensemble des valeurs et dimensions contradictoires.*

Mais il y a plus. Les liens compliqués entre information et communication s'accompagnent *aussi* d'un dédoublement de sens. Dans la tradition politique et intellectuelle, l'information renvoie à l'idée de ce qui surgit et fait plus ou moins rupture. C'est vrai pour la presse, mais aussi beaucoup plus généralement. L'information c'est l'événement, ou la donnée qui perturbe un ordre précédent et c'est sa force. Quant à la communication elle est associée à l'idée de lien, de partage, de « communion ». Aujourd'hui avec les systèmes d'informations généralisés, il y a un renversement de sens, particulièrement visible avec Internet. *L'information* devient ce qui fait lien, avec la société de l'information comme horizon. Le sens inverse de l'information-rupture. Quand tout est signe et interaction, *l'information est le lien.* Il suffit de voir comment les jeunes générations font d'Internet la source absolue de leurs informations et finalement de leur communication auquel ils accordent d'ailleurs une légitimité et une confiance sans faille.

A l'inverse, on observe le même changement de sens du mot *communication*. Celui-ci signifie beaucoup moins aujourd'hui le sens classique de partage de valeurs communes, que l'idée de cohabitation liée à la nécessité de faire tenir ensemble des logiques disparates. Hier communiquer, c'était partager et réunir, ou unir. Aujourd'hui c'est beaucoup plus cohabiter et gérer les discontinuités. Chacun des deux concepts, information et communication, prend donc une partie de la référence de l'autre.

La révolution de l'information et de la communication, au sens où je les ai entendues, bouleverse donc tous les rapports entre communication, culture et connaissance et contribue à repenser les conditions du lien social contemporain. C'est pour cela qu'une théorie de l'information et de la communication est finalement inséparable d'une vision, si ce n'est d'une théorie de la société. Le paradoxe aujourd'hui, est qu'il n'a jamais été autant question de communication, et d'interactivité, au point de vouloir en faire un modèle de société, au moment où simultanément il n'y a jamais eu autant de murs physiques entre les peuples et autant de murs d'incompréhension entre les riches et les pauvres, les vieux et les jeunes, les émigrés et les autres, les gavés de technologies et ceux qui en sont dépourvus…

Chapitre II

Les techniques : entre émancipation et idéologie

L'enjeu de ce livre ? Repenser le statut de la communication à l'aune des trois ruptures intervenues en 50 ans. La victoire de l'information ; le triomphe des techniques avec l'intégration des télécommunications, de l'informatique, de l'audiovisuel ; la mondialisation qui accélère les deux victoires précédentes. Le défi ? Sortir l'information et la communication de l'impérium de la technique qui freine d'autant la réflexion sur la communication que la performance des outils gomme les inévitables ratés de la communication humaine et sociale. Penser le passage de l'information à la communication, c'est donc détechniser la communication, remettre la technique à sa place.

I – De la technique à l'idéologie technique

En quoi consiste l'idéologie technique dans la communication ? A confier aux outils le soin de résoudre des problèmes de sociétés qui ne relèvent pas de leur champ de compétence. Ici croire que plus il y aura de techniques, demain 6,5 milliards d'internautes par exemple, plus les individus se comprendront. C'est subordonner les progrès de la communication humaine et sociale au progrès des techniques. C'est ensuite attribuer à ces techniques le pouvoir de changer structurellement le modèle de société. C'est enfin confondre le sens des mots en parlant par exemple de civilisation et de société numérique, société de l'information, démocratie numérique, société en réseaux… Mots qui renvoient à l'idée de toute puissance de la technique, puisque c'est elle qui donne son nom à la société où elle s'applique. C'est confondre deux réalités de nature différente, la technique et la société, en faisant des dispositifs techniques le cœur d'un modèle de société. D'autant plus qu'ils portent sur l'essentiel de l'activité humaine : la communication. On ne parle pas de société du nucléaire.

L'idéologie technique n'est pas une idéologie parmi d'autres. Certes, il n'y a pas de société sans idéologie, sans liens qui unifient les groupes sociaux, pour la politique, la religion, la culture et qui évoluent dans le temps, se recombinent, et sont indispensables à la vie sociale. Ce que je critique ici c'est l'idéologie technique, une parmi d'autres, qui consiste à attribuer un pouvoir normatif, excessif, aux techniques de communication, pour devenir le principal facteur d'organisation et de sens de la société. D'ailleurs la confusion vient aussi du vocabulaire : technique de communication unit les techniques, où il y a effectivement beaucoup de progrès, *avec* la communication où il n'y a pas de progrès similaires. Le progrès des techniques, hélas, ne suffit pas à créer le progrès de la communication entre les hommes et les sociétés. Les hommes immergés dans un univers de techniques communiquent-ils mieux, au sens d'une intercompréhension mutuelle, qu'il y a 50 ans ? D'où le rêve, sans cesse reporté, que de meilleures techniques permettront une meilleure communication. Le « black berry », encore plus peut-être que l'ordinateur, en est actuellement le symbole. Avoir le monde au bout des doigts, pouvoir tout faire, tout recevoir, tout envoyer crée un sentiment de toute puissance et de sécurité. Comment la communication pourrait-elle échouer, avec un outil si puissant et tant d'interactivité ?

Les techniques de communication ? C'est la communication sans l'incommunication. Elles rétablissent un continuum entre information et communication, là où la communication humaine y échoue souvent. Elles relèvent d'une idéologie de la transmission, confondant la rapidité et la performance des outils, avec l'incertitude et la complexité de la communication humaine. Repenser les rapports entre information et communication c'est donc d'abord détechniser la question de la communication, et rappeler que si la technique facilite indubitablement la communication humaine, il suffit de regarder un siècle derrière, cela ne suffit plus. *La médiatisation, la transmission, l'interaction ne sont pas forcément synonymes de communication.* Oui les techniques ont fait des progrès considérables permettant d'améliorer des communications sociales. Non elles ne suffiront jamais à résoudre les apories existentielles de la communication humaine, ou alors on s'achemine vers « les solitudes interactives ».

Un symptôme de notre dépendance à l'égard des techniques de communication ? Observer notre état psychologique quand nous sommes séparés de l'ordinateur, et ou, du téléphone portable pendant plus de deux jours. Inconcevable... Beaucoup d'entre nous en sont malades. Cette addiction en dit plus long que tout discours. Mais comment faisait-on avant, il n'y a même pas trente ans ? Et les plus de trois milliards d'individus qui n'en ont pas aujourd'hui ? Et que vaut ce monde en temps réel ou simultanément, quand plus d'un milliard d'individus ont faim ? Paradoxe d'autant plus étonnant que cette dépendance signe également notre acceptation de la *traçabilité* alors même que l'émancipation a consisté, pendant des siècles, à nous affranchir de toutes les dépendances extérieures (religieuses, politiques…). Les techniques de communication ont contribué à ce mouvement d'émancipation et c'est au moment où l'individu est libre, indépendant de toute autorité qu'il s'assujettit, *volontairement* cette fois, aux techniques qui lui ont permis précédemment de se libérer. Les « servitudes volontaires » sont innombrables. Le lien historique entre émancipation et technique de communication est tellement fort, que pour le moment, la grande majorité des « usagers » ne voit pas le nouvel état de dépendance dans lequel nous nous installons. D'instruments de libération à outil de traçabilité, il n'y a qu'un pas, franchi en une génération, sans réaction pour le moment… La technique a dévoré ses enfants, d'autant que ce que nous aimons, dans ces techniques, c'est la vitesse, les performances, l'interactivité et les sentiments de liberté qui en découlent, bien éloignées d'une perception de dépendance ...

Interactivité, le mot magique qui symbolise le mélange de liberté et d'intelligence. L'addiction est telle que l'on identifie la liberté au fait d'être multi branché. Le Net n'est pourtant qu'un réseau, donc un filet, l'inverse de la liberté dont il est le symbole. On ne voit dans Internet, pour le moment, que la liberté, pas le contrôle. Presque un nouvel *habeas corpus*, une chance d'émancipation, de circulation. Avec l'idéologie technique on est donc passé de l'autre côté du miroir. Tout s'individualise, sans problématique collective. « Faire ce que je veux comme je veux », devient « la liberté numérique », garantie par « l'accès libre » et amplifié par « l'interactivité généralisée ». Le décrochage est récent, même si on retrouverait beaucoup de points communs avec les espoirs inouïs liés à l'apparition de la télévision par câble il y a 50 ans, et de la radio dans les années 1930.

L'idéologie technique se remarque aussi dans le fait *d'oublier* les révolutions techniques précédentes : ne jamais comparer, et croire que tout commence aujourd'hui. Pas d'histoire, pas de comparatisme. C'est aussi une posture qui ne supporte aucune critique et veut une adhésion totale. Avec l'idéologie technique, comme pour toutes les idéologies, il n'y a pas de choix. C'est tout ou rien. Toute critique est assimilée à la technophobie et au conservatisme. Un exemple ? On critique les enfants pour les heures passées devant la télévision, toujours soupçonnée de créer de l'aliénation, on ne dit rien pour les mêmes heures passées devant l'ordinateur. C'est presque l'inverse, on y voit la marque d'une certaine intelligence et ouverture d'esprit. Certains rêvent même que dès la maternelle les enfants se servent de ces outils. Pourquoi pas davantage de recul ? Pourquoi les crises et menaces ne sont-elles pas encore assez perçues ?

Le XIXe siècle et le XXe sont les deux grands siècles, à la fois pour la liberté d'information, la communication et la technique. La fin du XXe fut celui de la confusion entre progrès technique et progrès de la communication. C'est probablement au début de ce siècle que l'on arrivera à *découpler* les miracles techniques et les apories de la communication. Jusqu'à aujourd'hui les techniques de communication ont toujours accompagnés les mouvements d'émancipation, aujourd'hui la problématique change, mais on ne veut pas le voir. *Les plus dépendants ne parlent d'Internet que comme d'un « outil »*. Et en même temps ils en font l'outil qui doit « révolutionner » et « libérer » les rapports humains et sociaux. Il y a à la fois une pseudo banalisation *et* une hyper valorisation dont le résultat est une sorte d'utopie-idéologie qui se substitue souvent aux idéologies politiques, actuellement en crise, et qui correspond au règne de l'individu, aux rêves d'autres modèles de relations sociales, et aussi au moyen de domestiquer cette mondialisation si incertaine. Cette utopie-idéologie, et c'est sa force, revitalise les rêves de solidarité, cette fois-ci à l'échelle de la planète. La technique permet de retrouver la continuité là où la communication révèle la discontinuité et l'incommunication. C'est pour cela que, pour le moment, les faits sont ignorés : des risques de traçabilité, aux menaces sur les libertés et aux réalités des « solitudes interactives », rien ne semble ébranler la puissance du paradigme technique.

II – Internet, entre utopie et idéologie

Avant tout il faut distinguer le rôle d'Internet dans les dictatures et les démocraties. Dans les dictatures, conjointement d'ailleurs à la radio, la télévision, la presse écrite, le téléphone portable, Internet est le plus souvent un outil indispensable pour la liberté d'information et de critique pour les opposants. Rappelons néanmoins que la lutte pour la liberté n'a pas commencé, là-aussi avec Internet et que depuis cent cinquante ans des combats considérables ont eu lieu. Rappelons aussi que l'outil ne suffit pas à créer la fonction. S'il n'y a pas d'abord des militants à Amnesty International et dans toutes les ONG et associations, ce n'est pas la technique qui suffit à créer la conscience critique et l'action politique. Internet est adapté à la mondialisation à condition de ne pas y voir le seul outil des combats pour l'émancipation. D'autant que les pouvoirs autoritaires et dictatoriaux savent aussi s'en servir pour accentuer leurs répressions et entreprendre des campagnes de désinformation et de manipulation. Bref Internet, aussi important soit-il comme outil en faveur des libertés, non seulement ne se substitue pas aux autres techniques et procédures, mais n'est pas en outre dépourvu d'ambiguïtés. Il faut également souligner son rôle positif pour les diasporas dans le monde. Celles-ci y trouvent un outil incontestable de communication, surtout pour les informations-presse et informations-service. Mais Internet ne remplace pas le besoin de se rencontrer. Au contraire il l'amplifie. Plus on peut échanger facilement, plus on a envie de se voir physiquement. Tant mieux. Nous sommes des êtres sociaux, pas des êtres d'information. De toutes façons les propos qui suivent ne concernent pas le rôle d'Internet dans les dictatures, mais dans les démocraties pluralistes.

Internet illustre la séduction opérée par ce mélange entre utopie et idéologie. J'ai déjà consacré plusieurs écrits à Internet et ses enjeux, (notamment *Internet et après* ? 1999), je voudrais simplement ici reprendre la question du point de vue des rapports entre information et communication. Le succès d'Internet, notamment dans la jeunesse, est indéniable, même si la vraie rupture concerne plutôt le téléphone portable, quelle que soit l'extension de ses services, car il est, avant tout, le symbole de la communication humaine à deux, *par la voix*. Le vrai espace privé est celui du téléphone portable où tout peut se dire notamment du point de vue affectif. Le plus important dans la vie privée ou publique passe de moins en moins par Internet. Hier, recevoir des courriels était un privilège, presque un symbole de pouvoir, aujourd'hui c'est une véritable corvée. Tout le monde passe son temps à en envoyer, perd un temps fou à « démailer » faire le tri et répondre. L'information accessible est devenue une tyrannie. Pour travailler sérieusement il faut se couper de cette facilité technique, retrouver du temps. Le rêve tourne parfois au cauchemar, d'autant, chacun le sait, que les informations les plus importantes liées à l'exercice du pouvoir et aux décisions ne sont *jamais* diffusées par Internet, mais par le téléphone, ou de vive voix. Bref l'extraordinaire ouverture d'un espace d'informations interactif par le Net ne change fondamentalement pas le rapport fort compliqué avec lequel les individus gèrent, et manipulent les relations entre information–pouvoir-secret-rumeur. Là aussi la performance technique ne suffit pas à changer les rapports de l'homme au pouvoir et à l'information. De toute façon il n'y a pas qu'Internet, il y a aussi et dans des proportions encore supérieures, la radio et la télévision. Les chiffres obligent d'ailleurs à relativiser et à introduire un peu de comparatisme. 4,5 milliards de radios, 3,5 milliards de télévision, 2,5 milliards de téléphones portables, 1,8 milliards d'ordinateurs.

Il faut aussi rappeler que la convergence technique entre l'informatique, les télécommunications, l'audiovisuel ne signifie pas pour autant la fin des différences d'identités et de styles... *Le support n'est pas le contenu.* Ou alors le cinéma aurait dû disparaître depuis 50 ans avec la télévision. Le rapport de force entre ces trois géants provoquera encore des fusions industrielles, financières, techniques, ce n'est pas pour autant que tout se mélangera du point des services et des applications. Au contraire. Plus la technique rationalise et réunit voix, image, texte, son, plus les différences d'ordre culturel, concernent *la nature* de l'activité c'est-à-dire ce qu'il y a de plus important. C'est la bataille d'après demain. Aujourd'hui la bataille technique fascine, avec la multiplicité des applications, demain ce sera celle de la *diversité* des contenus.

Quels sont les éléments de séduction d'Internet du point de vue des rapports entre information et communication ? Les mots qui viennent à l'esprit sont puissants et exacts : liberté, mobilité, souplesse, vitesse, interactivité, initiative, participation, innovation, jeunesse, confiance, réactivité, contre pouvoir, émancipation, mondialisation... Trois mots résument le charme d'Internet : vitesse–liberté–interactivité. Une rupture culturelle et générationnelle par rapport aux médias de masse. Le règne de l'individu, la victoire de l'information que l'on va chercher où l'on veut, quand on veut, et ce sentiment d'être intelligent, compétent, branché, capable de circuler sans avoir à demander les autorisations. En un mot avoir confiance en soi. Tout ceci est vrai. Avec Internet on a l'impression de sortir des institutions et de leurs carcans. Tout est possible, une vraie nouvelle frontière. L'individu et l'information sont rois et pour toute cette génération c'est une « utopie politique » : traverser les pouvoirs, les structures, créer d'autres solidarités. Oser jouer l'humour et la distance, sortir d'un espace officiel surinformé, inventer un lien convivial et une forme d'utopie pour des générations, qui en ont été privées par la fin des idéologies et l'économisme dominant de la mondialisation. Un contre-pouvoir en tout cas, qui permet l'expression et la prise de parole, sans règlement et hiérarchie.

Sa force est de n'être pas une utopie politique au sens classique avec une pensée globale de l'édification d'une nouvelle société avec ses hiérarchies et ses territoires.

C'est une somme de petits arrangements, d'initiatives et de libertés qui s'affranchissent de la géographie, des frontières et prennent la mondialisation, sans trop d'*a priori* négatif comme espace de référence, en essayant d'agir de manière pragmatique. C'est en cela que nous sommes bien dans l'espace contemporain, comme d'ailleurs avec les médias de masse qui dans un autre registre, aussi indispensable, jouent un rôle de lien social, et simultanément de fenêtre ouverte sur le monde (cf. *Éloge du grand public,* 1990 et *Penser la communication*, 1997) Contrairement à un stéréotype tenace Internet et la télévision sont de ce point de vue complémentaires, Internet permet de sortir des « territoires » alors que la télévision, finalement les garantit.

De toutes façons Internet est intéressant pour les paradoxes qu'il soulève. D'une part il relance la pratique de l'écrit, et d'autre part, il la dévalorise car tout s'écrit et se diffuse, sans sélection ni hiérarchie. A la fois revalorisation et désacralisation de l'écrit. Avec un statut bizarre d'une écriture mélangée et sans sanction où l'on retrouve aussi bien de l'information-service, que des confidences, de l'expression, du témoignage… Autre paradoxe : chacun est fasciné par le volume d'informations auquel il peut accéder, mais personne ne pose la question de ce l'on en fait socialement, au travers de la communication.

Un peu comme si Internet opérait un miracle : la seule technique où l'information engendrerait, sans difficulté ni résistance, un lien direct entre information et action, expression et autorité. Un dispositif qui simultanément permettrait l'expression, l'interactivité, le commandement, l'information-service, la critique et l'autorité ; l'information et la communication... En outre, si les moteurs de recherche permettent une recherche très large, c'est le plus souvent à partir de la logique des mots clés dévalorisant des critères plus complexes liés aux croisements entre savoirs et éruditions. L'accès immédiat à toutes les bibliothèques numériques ne simplifie pas le rapport à la connaissance. Comment protéger la liberté intellectuelle et la création dans cet univers où tout est accessible, quand la distinction production-utilisation s'efface et que la reproductibilité technique instantanée empêche toute mesure économique ? Où sont les lieux et les espaces de légitimation quand tout le monde intervient ? De même la régulation, pourtant indispensable, s'avère-t-elle difficile à organiser quand on a vu en France, les difficultés du projet *HADOPI* illustrant la voie étroite entre liberté d'expression, garantie des frontières vie privée – vie publique – et protection des droits d'auteurs. D'une manière générale, comment vivre dans un univers à la fois saturé d'informations et de mémoire, laissant peu de place aux projets d'action contemporaine ?

Si Internet est le symbole des technologies de l'information, ce qui lui donne sens, c'est la recherche d'une *autre* communication : les internautes cherchent avant tout, finalement, à créer d'autres rapports humains, d'autres solidarités. C'est *l'autre* plus que jamais qui est l'horizon. Un océan d'informations, certes, mais surtout avec toujours la même question : comment entrer plus facilement, librement et authentiquement en relation avec quelqu'un ? Internet l'empereur des systèmes d'information retrouve l'éternelle question de la communication humaine. « Y a-t-il quelque part quelqu'un qui m'aime ? ». Et les réseaux sociaux comme Facebook ne sont que la version moderne du *Chasseur français*, avec toutes les recherches de lien affectif et social. Le mot « réseaux sociaux » veut d'ailleurs tout dire. Au-delà des réseaux c'est le social, c'est-à-dire l'humain, qui prime. Comment se rencontrer plus facilement ? Avec un rêve d'égalité, visible dans cette logique de « peer to peer » : on se cherche et l'on est égaux. Du web, aux blogs, aux twitters et aux multiples réseaux, c'est toujours la quête d'une autre communication humaine, plus libre et authentique. C'est aussi, il faut bien le dire, un remède contre la solitude. Cette solitude rampante, terrible dans les milieux urbains où toutes les structures sociales et familiales ont éclaté suscitant, à juste titre, le besoin de construire de nouveaux liens communautaires. Internet, un moyen de lutte contre cette nouvelle réalité : libres, mais seuls. Un outil à la mesure de générations plus généreuses qu'on le croit, qui, sous le ciel actuellement bien bas des utopies politiques, cherchent d'autres relations, avec humour et ironie, comme pour essayer de naviguer dans les chausse-trappes et impasses de l'Histoire.

Bien sûr l'essentiel d'Internet n'est pas lié à cette quête de la communication et concerne plutôt les problèmes posés par cette immensité lucrative du royaume de l'information-service, mais il ne faut pas sous-estimer cette recherche de liberté, d'égalité et de communication qui anime les jeunes internautes. *La fin des solitudes innombrables.* L'individualisme d'Internet symbolise *aussi* la quête d'un autre collectif. On est constamment entre utopie et illusion technique. Le temps, les échecs et les réussites feront le tri, entre service, marchés, défouloir, émancipation et utopie politique. A condition que le monde « adulte » ne succombe pas lui-même à ce suivisme technique, pour avoir l'air moderne.

Les illusions sont à la mesure des prouesses et des utopies dont Internet est l'objet. Le plus grand espace de liberté est aussi celui des plus grandes perversions financières, criminelles, maffieuses, pornographiques, le plus grand magasin à rumeurs et à manipulations puisque l'essentiel des informations n'y sont pas validées. Mais pour l'instant le Far West séduit plus que l'idée de réglementation politique qui s'imposera finalement, comme pour la presse, la radio, la télévision, quand les scandales auront été trop violents. Internet ne pourra pas rester hors la loi et devra sortir de l'idéologie de la dérégulation, véritable double de l'idéologie technique. Curieusement, même avec la crise actuelle du capitalisme financier, on ne parle pas encore de l'indispensable nécessité de réglementer Internet. Au-delà, la traçabilité généralisée, masquée par le vécu du sentiment de liberté et de toute puissance, peut mettre en cause les fondements de libertés privées et publiques difficilement acquises en trois siècles de batailles politiques. Mais rien n'y fait, la loi est perçue comme liberticide alors que, depuis toujours, l'ambition de la loi, dans les démocraties, n'est pas de tuer les libertés, mais de les protéger.

« Je vais vérifier sur Internet ». Omniprésente cette phrase traduit une immense naïveté sur la question de la vérité. Et dans la rue, quand on se promène, pas une minute sans croiser quelqu'un qui prononce le mot d'Internet. On passe vite du sentiment de la liberté individuelle à la réalité de la dépendance et de la traçabilité.

Une traçabilité qui est d'ailleurs beaucoup plus pernicieuse que celle relative au contrôle par les fichiers. Aujourd'hui et demain, grâce notamment aux puces RFID, on en saura beaucoup plus du *comportement* des individus. Et la traçabilité passera des noms et des fichiers, déjà contestables (cf. la bataille pour EDVIGE), à la traçabilité concernant la personnalité et les comportements. Les individus et les groupes ne se laisseront probablement pas enfermer dans cette sociographie comportementale mais il y a un risque. Par ailleurs, que fait on du temps gagné avec Internet ? La vitesse de l'information, inséparable d'un certain vertige de toute puissance, devient aussi un moyen de « zapper » l'altérité, qui elle, requiert du temps. *Le temps, principal ennemi d'Internet.* On zappe, mais en écrêtant les différences. De toutes façons, les connaissances ne progressent, ne s'échangent et ne s'intègrent pas, à la vitesse des informations, elles sont même au contraire indispensables pour résister à ce zapping cognitif et donner un sens à cet océan d'informations. La vitesse et l'horizontalité, pourquoi pas, mais jusqu'où par rapport à l'épaisseur de la réalité, la lenteur des connaissances et l'incompréhension du monde ? Notamment respecter cette frontière politique formée par tant de siècles de batailles entre espace public et espace privé. Rendre tout public sur soi et les autres n'est pas un progrès. Tout n'est pas transparent et immédiatement compréhensible.

Au-delà, la question reste celle de l'expérience : la nécessité absolue de sortir des réseaux et des techniques pour ré-expérimenter la « réalité réelle » sociale, humaine et affective. Attention aux schizophrènes des réseaux sociaux, aux solitudes interactives. Les « amitiés numériques » doivent retrouver la réalité, car là est l'épreuve, une fois éteintes les machines. Retrouver la réalité plutôt que la vivre sur l'écran.

Ce qui plaît aussi dans Internet c'est cette abondance d'informations qui donne presque un sentiment de toute puissance. Mais attention à la « mal information » et à « l'infobésité », où tout est mélangé du présent et du passé. Entre la vitesse *et* l'omniprésence des mémoires que reste-t-il pour le présent et ses projets ? Comment éviter le refermement des communautés mondiales incapables de s'ouvrir et de tolérer l'autre ? La méfiance vis-à-vis de l'altérité, et le refuge dans un communautarisme mondial sont compatibles avec la généralisation des systèmes d'information. Communiquer avec ceux qui vous ressemblent au bout du monde ne facilite pas naturellement la cohabitation avec l'étranger, l'immigré, ou tout simplement l'autre qui est au bas de l'immeuble.

Cette tolérance à l'égard de l'autre, fondement de toute communication normative, n'a pas grand-chose à voir avec la vitesse d'échange des informations. Les rapports humains et sociaux sont beaucoup plus compliqués que Facebook et le surf sur Internet. Et avec ces blogs, twitters, web et autres flux qu'en est-il du silence, de la durée, du retrait ? Tout peut-il être interactif ? Et ce n'est pas le mythe « de l'Internet des objets » par RFID interposé qui simplifiera la problématique. Parler de « communication entre objets » confine à l'absurde ou alors suppose d'avoir, définitivement, fait une croix sur la communication humaine. Déjà tyrannisés par les innombrables courriels échangés quotidiennement les individus, au bord du précipice de la communication, se brancheront sur les puces interactives des objets inanimés... Super humanisme. Que faut-il encore inventer comme anthropomorphisme des techniques et réification de la communication humaine ? Le web 3.0 des objets, le comble du raffinement technique ? Non, c'est tout simplement le vol ridicule de tout le sens des mots.

Sortir de l'ultraprésent, réintroduire l'histoire des techniques de communication et de leurs utopies. Rappeler que la vie ne commence pas avec le Net, et que des milliards d'individus vivent aujourd'hui, pensent, créent et imaginent sans Internet. Relativiser l'apport d'une technique qui nous enferme dans une histoire sans histoire, en nous noyant dans un océan d'informations, finalement synchrones. Internet ou le rêve, et l'illusion, d'un espace technique où le temps à force d'aller si vite s'est finalement arrêté. L'internaute, un individu tenté par la sortie de l'*espace* et du *temps,* débarrassé de *l'autre,* trop différent et à la recherche de l'âme sœur, dans une sorte de néo-réalité, plus ou moins indifférent aux enjeux sociopolitiques posés par Internet.

Voilà ce que serait la mauvaise sortie de l'Histoire. Internet pourrait illustrer le pire de l'idéologie technique, c'est-à-dire la soumission à l'outil ; l'indifférence pour le récepteur comme figure de l'altérité ; l'illusion du temps arrêté ; la réduction à des échanges en ligne. Et dans cette dérive possible, mais pas inéluctable, car l'histoire n'est jamais écrite d'avance, les élites et les politiques ont des responsabilités écrasantes. *Le suivisme pour avoir l'air moderne.* Avec une responsabilité particulière pour les scientifiques qui les premiers auraient dû dire que le roi était nu, mais qui ont eu envie, pour une fois, d'être « modernes ». Les politiques se sont ensuite précipités, pour avoir, eux aussi, l'air moderne. Quitte à s'imaginer trouver paradoxalement plus facile le contact avec le citoyen, en lui parlant par l'intermédiaire des blogs, plutôt qu'au moyen d'une relation directe.

L'interactivité comme substitut à une communication humaine difficile. Avec en complément les gadgets de la démocratie électronique, qui devaient « relancer » la participation des citoyens à la politique en oubliant que la politique ne peut jamais aller à la vitesse de l'information. Internet ne pourra pas être le nouveau moteur de la démocratie, car la question du pouvoir n'est pas seulement une question d'information, mais de valeurs et de communication humaine. Enfin, dernier mythe déjà largement présent avant-hier avec la radio, et hier avec la télévision : Internet comme condition de la démocratisation du savoir et de la culture. Tout sur Internet pour démocratiser l'accès au savoir et à la culture en oubliant que les deux sont inséparables d'expériences humaine et sociale qui n'ont rien à voir avec l'accès de tous à tout instantanément.

En un mot pourquoi les élites, notamment scientifiques, qui auraient dû être les premières à relativiser « la révolution Internet » sont-elles si conformistes, ne gardant aucune distance humoristique pour ce qui nous est présenté comme l'avenir radieux du monde de demain ? Les élites auraient pu tout simplement réinscrire dans le temps, comparer et finalement distinguer la proportion entre la part d'ouverture, d'expression, d'espace critique et par ailleurs la traçabilité, le narcissisme, la standardisation, la rationalisation… inhérents à un système technique d'information. Pourquoi cette démission de la pensée, et ce suivisme conformiste ?

III – Sortir de l'idéologie technique

L'idéologie technique se manifeste notamment dans l'application des modèles de la cybernétique à la société, avec l'espoir d'en améliorer la rationalité et le fonctionnement. Elle n'est que la pointe visible du systémisme, sorte d'idéologie de la rationalité qui s'applique aussi bien à ce que devrait être le rapport à la nature que le fonctionnement de la société et des rapports humains. Le systémisme est un peu devenu l'idéologie globale, retrouvant de manière plus sophistiquée, le positivisme scientiste du XIXe siècle.

Tout est finalement mêlé. L'émergence de la pensée de la complexité dans le champ de la théorie des systèmes, sert autant à refonder de nombreuses théories de la connaissance qu'à revitaliser des idéologies positivistes, dont l'idéologie technique. A cette spécificité près : cette idéologie s'applique à l'information et à la communication qui sont au cœur de l'expérience humaine et du fonctionnement de nos sociétés. Nous ne sommes donc pas dans une idéologie «périphérique » mais au cœur de la modernité avec le modèle de la liberté des individus, et la recherche d'autres rapports sociaux. On comprend donc pourquoi l'idéologie technique a un tel succès, souvent identifié à un « nouvel humanisme ». Nombreux sont ceux qui de bonne foi rêveraient que les rapports humains et sociaux fonctionnent avec la même efficacité que les modèles cybernétiques, la théorie des systèmes, et les réseaux.

Rétablir la discontinuité entre la pensée rationnelle, le systémisme, les techniques et le fonctionnement des rapports humains et de la société, est donc indispensable pour éviter les séductions et les illusions de l'idéologie scientifique et technique. Hier celle-ci, à partir de la conquête de la matière et de la nature, pensait pouvoir donner naissance à un nouveau modèle de société. Aujourd'hui avec les systèmes d'information et les métaphores liées à la biologie et à la théorie des systèmes, elle semble adaptée au fonctionnement de la société en réseau.

C'est toujours le même enjeu théorique : établir ou non une continuité entre la pensée, les systèmes techniques et la société ; entre l'information, la communication et les hommes. L'idéologie scientifique et technique, aujourd'hui adossée à la rationalité de la théorie des systèmes et de la complexité, pense pouvoir refonder un nouveau modèle de société, plus souple et interactif que celui d'hier centré sur la hiérarchie et la stabilité. Et la pensée critique est toujours la même : rappeler la différence de logique existant entre les problématiques des sciences et techniques, celles des hommes, et celles des sociétés.

C'est pourquoi la théorie de la communication que je défends, qui insiste tant sur la discontinuité, l'incommunication, la négociation et la cohabitation renvoie à cette tradition de la pensée critique, qui veut maintenir la différence de nature, entre les sciences, la société et les hommes. Il en est de même quand je souligne l'importance du *conflit des légitimités* où tout doit être fait pour préserver les différences de logiques entre les trois grands rapports au monde que sont *l'information, l'action et la connaissance.* En réalité le conflit épistémologique est constant entre ceux qui régulièrement élaborent des théories de l'*unité*, et ceux qui parlent de *discontinuité.* Le paradoxe est que l'histoire des sciences récentes toutes interdisciplinaires, sciences de l'univers, de la vie, de l'environnement, de la communication, renforce plutôt la seconde perspective qui privilégie la discontinuité, sans que ce fait ait eu une quelconque influence sur le courant dominant centré sur l'unité. Le conflit, très ancien, entre les théories fascinées par l'unité et celles qui acceptent la discontinuité se retrouve dans la place que les sciences sociales accordent à une théorie de la communication.

Les doctrines qui insistent sur la toute puissance du pouvoir et donc sur la capacité à manipuler les citoyens, ne croient pas à l'autonomie du récepteur. Les doctrines qui, au contraire, ont une vision plus ouverte et conflictuelle du pouvoir, valorisent une situation où le récepteur peut résister.

Revenons à l'idéologie technique dans le domaine de la communication. Sortir de l'idéologie technique, c'est sortir du technicisme : rappeler que les progrès de la communication humaine ne sont pas proportionnels aux progrès des techniques ; séparer communication et technique alors que pendant cent ans les deux ont été liées dans le même mouvement d'émancipation. Le progrès technique n'est plus synonyme de progrès de la communication, de même qu'informer n'est plus communiquer. Cette omniprésence des techniques a mangé tout esprit critique, au point que pour beaucoup la communication sans technique n'est guère possible. Le *réseau* devient le mot magique. Mais un réseau regroupe d'abord, c'est sa force et sa séduction, ceux qui ont des points de vue communs. Quelle que soit son étendue, un réseau est d'abord du côté du même et de la communauté. C'est d'ailleurs pourquoi nombreux sont ceux qui veulent être dans les réseaux. Qu'en est-il alors de la problématique plus compliquée de la société où il faut réunir, non seulement ceux qui ont des valeurs et des intérêts communs, mais *aussi* tous ceux, beaucoup plus nombreux, qui sont différents ? *La cohabitation, comme horizon de la communication, n'a rien à voir avec la communication en réseau, voisine du communautarisme.* Et le défi de la mondialisation n'est pas de gérer la logique communautaire, mais celle de l'hétérogénéité dans une perspective de cohabitation. La société en réseaux relève du modèle individualiste et communautaire et contourne le modèle le plus compliqué, de l'altérité et de la société.

En réalité, il faut réintroduire de la distance historique et géographique. Revaloriser les auteurs, fort nombreux, qui après la guerre de 1914/1918 ont été les premiers à mettre en cause le scientisme et le technicisme qui avaient facilité les industries de la mort. A l'époque cette critique de la toute puissance de la technique fut entendue, tant le souvenir des massacres était omniprésent. Eux osèrent dire que la technique pouvait être barbare. Le débat reprit, à peine, avec la bombe atomique, mais depuis 40 ans, le progrès, tellement fascinant dans les techniques surtout de communication, a occulté tout le reste. Ou plutôt on est certain de trouver avec elles, les

« bonnes techniques ». On en est là, avec une réflexion critique historique et théorique bloquée, anesthésiée. Il faut sortir de la technique, expliciter les liens entre théories de la communication et théories de la société. C'est pour cela, en passant, qu'on ne rendra jamais assez hommage à l'école, aux instituteurs et professeurs, qui eux savent depuis toujours que l'essentiel de l'éducation au-delà des informations et des connaissances passe par ce dialogue si complexe entre les êtres vivants. Ils savent très bien que les techniques, de la radio à la télévision et aujourd'hui l'ordinateur, ouvrent de nouvelles pistes pour la pédagogie et l'enseignement, mais ils savent aussi, par expérience, que les tuyaux aussi interactifs et séduisants soient-ils n'ont pas l'efficacité de cette si imparfaite et troublante communication humaine, sans laquelle il n'y a ni transmission des connaissances, ni éducation.

La preuve de l'omniprésence de l'idéologie technique ? Aucun débat politique sur leur sens et réglementation. La gauche et la droite sont d'accord en Europe, terre pourtant de vieille critique scientifique et technique, pour ne surtout pas ouvrir la boîte de Pandore de la communication et continuer à confondre progrès des techniques avec progrès de la communication. C'est partout la même idéologie du progrès identifié aux techniques. Sans regard historique et comparatif. Les hommes politiques, toutes familles confondues, pourraient rappeler cette évidence : les nouvelles techniques ne peuvent favoriser l'individualisme *que* si le lien social existant *préalablement* n'est pas menacé. En cas contraire, c'est l'anomie et l'anarchie qui peuvent résulter de l'augmentation de rapports segmentés sans lien social. Toute crise économique, politique, religieuse révèle le primat du collectif sur l'individuel. Remettre en perspective l'individualisme est essentiel pour rappeler l'importance du lien social, et de la société, par rapport au communautarisme. Ce n'est pas parce que les hommes utilisent partout les mêmes outil, qu'ils pensent de la même manière, et ont la même vision du monde.

Enfin, il faut rappeler sans cesse que le propre des industries culturelles, et surtout dans la communication, vient de la supériorité de la logique de l'offre et de la création par rapport à celle de la demande et des goûts. L'offre est toujours plus compliquée que la demande car elle consiste à *prendre le risque* de produire des informations et des programmes pour des publics, non toujours identifiés, que l'on espère, sans garantie, pouvoir intéresser. Et plus le média est généraliste, plus la tâche est difficile car il s'agit de mobiliser des publics très divers. La logique de la demande, notamment en matière culturelle, est en revanche plus facile car elle consiste simplement à offrir ce que les publics veulent. Et cela est d'ailleurs souvent justifié par la phrase démagogique suivante : « soyez libres, ne consommez que ce qui vous intéresse ». Réagir à l'offre oblige à s'ouvrir et à sortir de soi-même. Privilégier la demande est plus satisfaisant avec le risque de nous enfermer dans les ghettos. La presse, la radio, la télévision relèvent majoritairement de la logique de l'offre, Internet d'une logique de la demande. Les deux sont complémentaires, et de nombreux individus se sont émancipés depuis une génération, grâce aux progrès de cette logique de la demande. A condition néanmoins de rappeler que la difficulté reste plutôt du côté de l'offre, c'est-à-dire du risque de la création.

CHAPITRE III

Exploits et dérives de l'information

L'information est la vraie victoire du XXe siècle, avec ses trois dimensions, presse liée à la politique ; service lié à l'économie ; connaissance liée aux industries du même nom. Sans oublier l'information relationnelle, au cœur de la communication humaine et qui traverse tous les milieux sociaux, et organise notre vie de tous les jours. Bref, l'information à tous les sens du mot, et avec toutes les ambigüités imaginables, est une des valeurs centrales de nos sociétés ouvertes dont elle couvre tout le spectre, du plus noble et normatif, au plus banal et fonctionnel.

I – L'information, acteur de toutes les émancipations

L'histoire de l'Occident, de son émancipation, comme de celle du monde en général, est indissociable de la bataille pour la liberté de l'information, matrice de tous les combats pour l'émancipation. On ne le dira jamais assez. Et même si aujourd'hui l'information est mêlée à tous les rapports de pouvoir liés à son industrialisation, elle ne perd pas cette dimension d'émancipation. Elle est la condition de l'ouverture sur la mondialisation, le premier pas vers la compréhension de l'autre.

L'information est toujours la condition de l'esprit critique, mais aujourd'hui quelque chose change, sans que l'on en mesure bien les conséquences : tout le monde sait tout et voit tout, quasiment en temps réel. Comment cela affectera-t-il cet indispensable esprit critique ? D'autant que le pluralisme mondial de l'information, lié notamment à l'émergence de la diversité culturelle, n'en est encore qu'à ses balbutiements. Tout devient plus incertain. Les techniques vont très vite, plus vite en tout cas que la réorganisation des marchés de l'information et de la communication, et plus rapidement, surtout que la réflexion sur le rôle réel de l'information dans la société de demain. Quelle que soit par ailleurs la nature de l'information, le rôle du récepteur s'impose. Il n'est nullement garant de vérité, mais de plus en plus omniprésent, y compris à l'échelle du monde.

II – Les dérives de l'information

Elles sont à la mesure de sa victoire politique, culturelle économique et technique, dans un joyeux entremêlement de dimensions fonctionnelles et normatives. Des financiers aux internautes, des journalistes aux militants, des hommes politiques aux spéculateurs, tout le monde défend la liberté de l'information, en y mettant évidemment des sens différents…

Si les contradictions sont plus facilement visibles pour l'information-presse, car on y dispose des codes culturels et des traditions pour les décoder, elles sont aussi nombreuses dans les autres domaines. On peut les classer en dix catégories.

1 – Plus d'informations ne crée pas plus de *diversités,* mais plutôt plus de rationalisation et de standardisation car la concurrence effrénée conduit paradoxalement à ce que tout le monde traite de la même chose, de la même manière, au même moment. L'abondance n'est pas synonyme de vérité. La concurrence accentue le conformisme.

2 – Conséquence : pas assez d'ouverture, *de comparaison*, et souvent trop d'idées convenues, et de *stéréotypes.* L'inverse de ce que l'information est censée produire. *La*

vitesse de l'information empêche souvent l'approfondissement par les connaissances et la confrontation.

3 – Trop de *simplification* car l'information coûte cher et qu'il faut aller « à l'essentiel », c'est-à-dire sans trop s'embarrasser des contextes culturels pourtant fondamentaux avec la mondialisation. L'information caricature de l'occidentalisme ?

4 - *Une idéologie du scoop.* Il est le seul moyen pour se singulariser dans cette course à la concurrence. Au détriment des idées et de la profondeur historique. La « peopolisation », identification douteuse aux puissants, justifie toutes les dérives. Le tout étant renforcé par l'omniprésence d'Internet qui accentue cette culture de l'urgence et du voyeurisme.

5 – Une course de *vitesse,* pour s'imposer dans la concurrence. Si tout le monde voit tout ou sait tout, à peu près, c'est à la condition d'aller vite. Au détriment de la compréhension d'événements, d'autant plus complexes qu'ils sont souvent à l'échelle du monde.

6 – Une *logique* économique confrontée à la tentation pernicieuse d'une information-presse gratuite présentée comme la condition d'une information « plus libre ». Mais si elle est gratuite, qui paye, et quoi ? « Le prix gratuit » accentue la dérive vers une information tirée par la demande dont chacun sait qu'elle est finalement une

menace pour la liberté de la presse. La tyrannie de la demande, comme stade suprême de l'information ? A qui profite l'information gratuite ? Pourquoi accepter de payer pour l'information-service et pas pour les autres ?

7 – *La mondialisation de l'information* accentue les défauts précédents, en les projetant à l'échelle du monde, avec le risque de rendre encore plus visibles les contradictions entre plusieurs conceptions culturelles de l'information. Où est ici le pluralisme ? Avec un problème supplémentaire, quelle crédibilité donner à des informations *sans images*, puisque aujourd'hui « on ne croit que ce que l'on voit. » ?

8 – L'augmentation des *rumeurs et des secrets* à la proportion du nombre d'informations en circulation. « Si on nous montre de plus en plus d'informations, c'est qu'il y a en a encore plus à cacher ». Le « off » croit proportionnellement à l'ouverture et à l'abondance d'informations. Les secrets ne se sont jamais aussi bien portés et colportés qu'avec l'espace public ouvert et traversé de techniques et de messages.

9 – Les médias, autant ceux qui les font que ceux qui y sont invités, ont tendance à *tourner en rond*. Le cercle de ceux qui participent à la production de l'information ou à son explication est très étroit. Toujours les mêmes, constituant une sorte de fausse aristocratie. Le monde de

l'information et de la communication *confond la lumière qu'il projette sur le monde avec la lumière du monde.*

10 – Une confusion entre le progrès des techniques, et la lenteur du travail de production de l'information. Comme tout s'use vite, alors il faut de plus en plus de « neuf ». Avec la tentation de réduire les coûts par le recours aux dépêches d'agences pour l'information mondiale et se singulariser par une information people en expansion.

Ces contradictions étaient inattendues, tant on a pensé, de bonne foi, pendant cent cinquante ans que plus il y aurait de supports, plus il y aurait d'informations complètes, différentes. On ne pouvait pas deviner que l'augmentation en volume pouvait conduire à plus de standardisation ; aux rumeurs ; à l'information-people ; à la mise en cause du rôle des journalistes ; au renforcement des secrets, parallèlement à l'idéologie de la transparence ; à la difficulté de sortir des stéréotypes du poids de l'événement et du scoop ; à la place ambiguë faite à la logique de la demande par rapport à celle de l'offre ; au problème posé par une surabondance d'informations sans les clefs complémentaires de compréhension ; à la captation de l'information connaissance vers une logique strictement économique et de la marchandisation, dans la même perspective que l'information-service, en pleine expansion...

Surgit donc cette question inconcevable hier : l'incommunication augmente-t-elle proportionnellement au volume de l'information et à la performance croissante des systèmes de communication ? L'incompréhension, voire l'intolérance et les stéréotypes s'accroîtraient à la proportion de la vitesse de circulation de l'information? Avec la traçabilité croissante comme face noire du triomphe de l'information? Ce qui oblige à repenser le cadre législatif de l'information sous toutes ses formes, et sur tous les supports.

Bref les contradictions sont à la hauteur de la victoire de l'information. La plus complexe étant sans doute qu'il peut y avoir en même temps, de plus en plus d'informations, souvent identiques, *et* de plus en plus d'intolérance et de désinformation.

III – Les chantiers

La réflexion critique concernant l'information va beaucoup plus lentement que les mutations techniques et économiques depuis 50 ans, et reste trop centrée sur l'information-presse, elle-même trop réduite à la question classique des rapports entre presse écrite et médias de masse, en oubliant la rupture du multimédia. Surtout elle ignore trop les défis posés par l'explosion de l'information-service et celle de l'information-connaissance, et reste fascinée par la question technique. Comme si l'avenir de l'information était exclusivement lié à Internet.

La première révolution consiste donc à penser le champ de l'information dans son *ensemble* : les nouvelles, les services, les connaissances, le relationnel. Et sur tous les supports, aussi bien dans les dimensions fonctionnelles que normatives. Et de manière comparative. Rien ne serait pire que d'admettre le normatif pour l'information-presse, le fonctionnel pour tous les autres champs de l'information. En vérité il y a un retard considérable de réflexion théorique et comparative, épistémologique et critique concernant les multiples formes de l'information et de la communication dans nos sociétés. Une bonne partie des questions était déjà posée dans « *l'information demain. De la presse écrite aux nouveaux médias* » que j'avais publié en 1978...

C'est ce retard que la revue *Hermès* que j'ai créée s'emploie à combler, avec quelques autres, depuis plus de vingt ans. Une revue internationale et interdisciplinaire qui depuis 1988 est devenue un laboratoire d'idée et un formidable lieu de cohabitation théorique où 1000 et quelques auteurs venus du monde entier ont pensé, « en direct », la communication dans toutes ses dimensions, scientifique, politique, sociale et culturelle.

Si l'information est prométhéenne et la communication finalement propédeutique, personne n'a réellement intérêt à accepter cette dichotomie. Certes les problématiques sont différentes, mais les références normatives identiques pour les deux. Il s'agit à chaque fois des conditions les plus fondamentales du rapport au monde pour chacun d'entre nous. Elles sont toujours du côté de l'émancipation, à condition d'y consacrer suffisamment de réflexion pour en garder les perspectives normatives.

Cinq domaines de réflexion s'imposent :

1 – *Vitesse et volume ne sont synonymes ni de qualité, ni de pluralisme*

La vitesse est probablement le plus grand piège de la victoire de l'information. Pourquoi aller si vite ? Qui peut absorber cela ? Même pas les journalistes. Quel rapport entre vitesse, vérité, connaissance et action ? La vitesse, véritable alliée pendant des siècles, car elle a permis de mieux informer, critiquer et émanciper, peut devenir un danger, surtout face à la complexité de la mondialisation. Que célèbre-t-on, la vitesse de l'information, le volume ou la vérité ? Que devient l'indispensable besoin de lenteur dans un monde ouvert, aux frontières élargies ? Vitesse et volume sont d'ailleurs pris au piège de la concurrence et contribuent à expliquer le glissement structurel vers la dégradation de l'information.

Par ailleurs au moment où on ne parle que de développement durable, d'écologie, d'une autre économie de la planète, plus respectueuse du temps et des grands équilibres, on constate la tyrannie des news, des scoops, des révélations. Comme si la vitesse était synonyme de vérité et d'objectivité. Que veut dire cette fascination pour le « temps réel » ; cette volonté de vivre en direct comme si chacun était journaliste sur le front, ou homme d'Etat au bord de la guerre. Comme si la vitesse réduisait l'incompréhension, la violence et la guerre. Pourquoi depuis des siècles la lenteur de la diplomatie est-elle indispensable pour éviter les dérapages dangereux, et croire d'un seul coup à la toute puissance de la vitesse des techniques ? Sauver l'information c'est lutter contre l'idéologie du direct, et revaloriser un autre rôle pour les journalistes. C'est réintroduire tout ce contre quoi l'information s'est construite, mais qu'elle doit retrouver ; le temps et la lenteur ; les intermédiaires documentalistes et journalistes ; le tri et la diffusion des connaissances validées. *La lenteur c'est le temps des hommes, la vitesse celui des techniques.* D'autant que cette idéologie de l'information, et de sa cousine la vitesse, renforce la guerre des industries que se livrent de manière impitoyable les acteurs comme Google, Microsoft, Apple... Il peut y avoir vitesse et abondance d'informations, en même temps que terrible concentration des opérateurs. Concentration ? L'ennemi de tout pluralisme. Pourquoi, au-delà du rôle complémentaire indispensable à des connaissances, ne pas distinguer trois tiers d'informations. Les « *mauvaises nouvelles* », les plus nombreuses souvent répétées en boucle, mais qui relèvent de l'actualité. Les *bonnes informations* quasi absentes de tous les médias et de tous les supports, et qui donnent une autre vision de l'homme et du monde. Les *enquêtes* qui permettent aux différents médias, classiques ou nouveaux, de se distinguer et d'élargir les visions du monde.

2 - *La maîtrise du progrès technique* est ici indispensable, et le besoin de sortir de l'idéologie qui l'accompagne est impératif. Comment pouvait-on vivre, informer, penser, enquêter, par exemple, sans Internet, puisque aujourd'hui « tout passe par là »... La technique a enrichi le contenu, ou plutôt celui-ci s'est adapté à ce que la technique peut offrir et produire. L'absence de distance critique est probablement un des freins les plus puissants pour une réflexion critique sur le statut de l'information à l'heure de l'abondance et de la vitesse.

La puissance des techniques est également inséparable d'enjeux économiques dominés par les grands groupes d'information et de communication anglo-saxons. A terme c'est autant de risques de contentieux, entre le Nord et le Sud, mais aussi entre de nombreux pays au Sud. Le lien reste trop fort entre la domination économique du Nord et la domination des industries de la culture *et* de la communication. Même si l'apparition progressive d'autres chaînes d'information, notamment arabes, introduit une demande de pluralisme. De toute façon réfléchir à un nouveau modèle économique pour la presse ne signifie pas faire d'Internet le centre de ce nouveau modèle.

3 – *Le récepteur* (qui est aussi l'internaute, le bloggeur, l'acteur, c'est-à-dire celui qui va interagir), est le nouvel acteur central. Il a toujours existé, bien sûr, mais il s'autorise et critique, au fur et à mesure de son émancipation, et du nombre croissant d'informations dont il est bombardé. Il n'a pas toujours raison, loin de là, et c'est même tout le problème car informer c'est la plupart du temps aller à contre-courant des opinions des récepteurs.

Informer, reste une négociation implicite entre les faits, l'événement, le contexte, et les représentations. *Les récepteurs ? Impossibles à ignorer, impossibles à satisfaire.*

La marge de manœuvre est d'autant plus difficile que l'information n'est plus sacrée, car surabondante et souvent prémâchée. Le récepteur est à la fois le meilleur allié de la liberté de l'information et son plus grand ennemi. Les marges de manœuvre diminuent.

4 – La *diversité culturelle* est l'horizon lié à la prise en compte du récepteur. L'Occident n'est plus seul. Constamment critiqué et suspecté, celui-ci doit apprendre à négocier avec d'autres valeurs, sans pour autant abandonner les siennes. Une diversité culturelle qui repose la question des inégalités devant l'information. Comment passer du *fait* de la diversité culturelle, à la *construction politique* de la cohabitation culturelle ? Du respect des valeurs universelles de la liberté de l'information à la reconnaissance de la diversité culturelle ? L'information illustre parfaitement ce nouvel enjeu politique de la « cohabitation culturelle » dont j'ai parlé dans *L'autre mondialisation* (2004) et *Demain la francophonie* (2006).

D'autant que rien n'est rationnel dans ce marché mondial de l'information où la force des idéologies, des intérêts économiques, des rapports de force politiques et culturels n'a pas grand-chose à voir avec les bons sentiments d'une « bonne information pour tous »… La bataille du NOMIC (Nouvel ordre mondial de l'information) en 1980 à l'Unesco, où pour la première fois l'URSS et le Tiers Monde de l'époque ont attaqué l'Occident en affirmant que son soi-disant universalisme n'était que le cache-sexe de la défense de ses intérêts, était prémonitoire. Le conflit repartira demain, plus violent dans un monde multipolaire, avec beaucoup plus d'informations et de visions du monde contradictoires.

La vitesse de l'information peut également se retourner en arme fatale tant les imbroglios de la diversité culturelle nécessitent du temps et de la lenteur pour dépasser les stéréotypes mutuels, et réussir à construire un minimum de cohabitation culturelle.

Le défi ? Rester soi-même tout en s'ouvrant aux autres. Pas facile pour l'Occident. Pas davantage pour les autres. Mais l'information est en tous cas un des fronts les plus visibles, dangereux et immédiats de l'immense chantier de la cohabitation culturelle, nécessitant diplomatie, culture et savoir-faire pour éviter que l'omniprésence de l'information et la vitesse des échanges soient finalement des accélérateurs de guerre et d'incompréhension.

5 – Dernier enjeu, *le conflit information-traçabilité*. La traçabilité augmente proportionnellement à la vitesse, avec la généralisation des systèmes d'information. Pour l'instant tout le monde préfère « faire comme si » la liberté l'emportait finalement par rapport aux

dangers de la traçabilité. Les RFID (Radio Frequency IDentifcation) et les nanotechnologies peuvent ne pas être seulement les « micro-gardiens interactifs de l'économie de l'information ». Ils peuvent aussi contribuer à une police généralisée. Et ce dans tous les pays y compris démocratiques, car de la peur du terrorisme, ici, à la peur de la démocratie, là, les occasions sont innombrables pour essayer de « rationaliser » ces fragiles et toujours dangereuses libertés autour de l'information.

Les mêmes techniques qui permettent l'extension du champ de l'information, l'omniprésence des images et les interactivités de toute nature, sont aussi celles qui peuvent en être les plus efficaces bourreaux.

Chapitre IV

La nouvelle frontière de l'incommunication

La communication c'est la question de l'autre. Différence quasi ontologique avec l'information. Bien sûr il n'y a pas de message sans destinataire, mais l'information existe néanmoins en soi. Rien de tel, en revanche, pour la communication. Elle n'a de sens qu'au travers de l'existence de l'autre, et de la reconnaissance mutuelle. Depuis toujours le destinataire existe, mais la rupture démocratique consiste à reconnaître la liberté *et* l'égalité des protagonistes, donc l'égalité du récepteur qui peut accepter, refuser, négocier l'information. Et là tout se complique. Hier la communication était hiérarchique, réduite le plus souvent à la transmission, sans possibilité de discussion de la part du récepteur-acteur. Aujourd'hui presque tout le monde est à égalité, se répond et négocie. Trois conséquences résultent de cette rupture.

I – La communication : l'autre et la mondialisation

La reconnaissance du statut du récepteur bouleverse tout car elle légitime la question de l'altérité. Situation radicalement nouvelle, et encore peu répandue dans le monde. Il suffit de voyager pour remarquer combien sont rares les situations d'égalité et de réciprocité entre les partenaires de la communication. La légitimité du récepteur donc de l'altérité, change radicalement le modèle de la communication. Celle-ci devient inévitablement frustrante, hasardeuse, néanmoins incontournable, avec l'incommunication comme horizon, et l'obligation pour les partenaires de négocier sans cesse. C'est en cela que *la cohabitation* constitue un des paradigmes du XXIe siècle, indissociable de trois réalités : la démocratie, l'ouverture, l'interaction. Il faut rappeler que la cohabitation est autre chose que la connexion et la juxtaposition. On peut être connecté, notamment par Internet, en réalité juxtaposé, sans qu'il y ait cohabitation. Cohabiter c'est le résultat d'une volonté et d'une action. C'est un choix qui demande du temps et de la volonté, et n'est jamais statique. Ce qui est frappant, c'est le retard de réflexion théorique sur un concept, et une réalité, qui sont pourtant au cœur de la théorie démocratique et de la société contemporaine. La communication ou le grand vide théorique, sans commune mesure avec ce qu'il s'est passé avec l'émergence de l'environnement, de l'écologie, de la bioéthique, du développement durable… autres grandes ruptures contemporaines. La communication a trop longtemps été dévalorisée du point de vue conceptuel, un peu comme l'est, depuis toujours, également, la question de l'image.

En vérité, la communication n'a guère été pensée par les élites. Et si les sciences de la vie, de l'univers, de l'ingénieur, de l'environnement ont accompagné en une génération l'émergence de nouvelles questions, il faut attendre jusqu'au début du XXIe siècle pour voir émerger « les sciences de la communication », tant les élites et le milieu académique et ce, dans tous les pays, ont été dans l'ensemble réticents à prendre la question de la communication comme une question théorique essentielle. En tous cas jamais comme une grande question scientifique interdisciplinaire. Le monde académique international, à quelques exceptions brillantes prés, n'a pas jusqu'ici perçu l'enjeu de la révolution théorique de la communication, n'a pas vu l'ampleur de ses implications du plus théorique au plus social et culturel, et a préféré, quand il s'en est occupé, se focaliser sur l'information, plus sage et plus rationnelle, que sur la communication toujours plus complexe et frustrante. Des recherches de très grandes qualités se sont pourtant développées depuis un demi-siècle, mais sans avoir obtenu la visibilité et l'impact correspondant à l'émergence de cette grande question. Ellles n'intéressent guère. Pour la communication, « on ne veut pas savoir ».

Le peu d'intérêt théorique à l'égard de la communication n'a pas empêché pourtant les élites d'utiliser ces techniques, pour elles, sans imaginer la résistance possible du récepteur à leur endroit. Avec finalement les classiques stéréotypes de méfiance pour tout ce qui concerne la communication et de fascination naïve pour les nouvelles technologies. Entre appréhension et suivisme.

Le rôle de l'information et de la communication dans la mutation de la plupart des théories de la connaissance n'a pas non plus été assez valorisé et pourtant il est réel quand on fait une étude d'épistémologie comparée. L'autre cause probable du peu d'intérêt des élites est la crainte, infondée, de leur perte d'influence avec la communication de masse et le décentrage de la culture d'élite. Les élites n'ont vu, en général, dans la communication, qu'une menace pour leur statut, et ce dans tous les pays du monde, ce qui explique le petit nombre de théories sur les rapports entre communication et société. Quant aux théories politiques contemporaines, elles ignorent la communication, sauf pour la condamner, et soulignent en général le côté naïf et influençable du récepteur. Cette absence de débats théoriques sur le statut de l'information, la communication, leurs rapports avec la liberté individuelle, la société ouverte, la mondialisation, la diversité culturelle… explique partiellement l'emprise excessive de l'idéologie technique depuis une génération.

Il y aura donc à faire une histoire de cet évitement de la pensée à l'égard de la communication, qui se redouble aujourd'hui, avec Internet, objet au contraire d'une sorte d'adulation, aussi caricaturale que l'était la condamnation de la communication de masse et de l'émergence de la culture de la communication, il y a cinquante ans. Les rares penseurs qui se sont attachés à ces questions théoriques ont rencontré dans les années 1970 la même résistance avec la télévision, que dans les années 1950, avec la radio. On y retrouve bien sûr l'appréhension à l'égard du nombre, la méfiance vis-à-vis de la culture et la démocratie de masse, la peur de l'image, du face-à-face et de l'altérité ; la faiblesse de la culture critique pour tout ce qui concerne la technique, pourtant au moins aussi importante que la réflexion sur la science ; la difficulté à reconnaître l'intelligence du récepteur.

Une hypothèse est possible. Si le monde de la connaissance et de la culture avaient pris au sérieux cet enjeu cognitif et politique de la communication, on observerait moins ce règne de la peopolisation, qui a souvent pris la place laissée vide par les connaissances. *Peopolisation et idéologie technique* sont les symptômes les plus visibles d'une certaine forme de trahison de clercs.

II – Penser la communication, c'est penser l'incommunication.

Les deux vont de pair. Il en résulte un certain nombre de conséquences, au premier rang desquelles reconnaître que le dialogue et la négociation, qui sont toujours « du temps perdu », sont en réalité inhérentes aux rapports humains et sociaux. Il font autant partie de la communication que les rares moments où les individus se comprennent. *Communiquer c'est de moins en moins transmettre, rarement partager, le plus souvent négocier et finalement cohabiter.* L'hypothèse centrale ici : impossible de nier l'ouverture, difficile d'oublier le récepteur, nécessité de reconnaître la place de la négociation. Plus généralement, nous sommes contraints de conjuguer deux mouvements contradictoires : la reconnaissance des identités *et* l'obligation de construire la cohabitation culturelle pour éviter le communautarisme.

Au niveau social, cela conduit à admettre que la plupart de nos sociétés sont multiculturelles ; et que ceci est une force, et non une menace, notamment pour l'identité nationale. Les sociétés multiculturelles peuvent plus facilement penser le rapport de soi à l'autre. C'est le cas de la France, avec les Outre-mers, l'immigration, la francophonie. Reconnaître la pluralité des identités, au sein d'un espace national, et organiser leur cohabitation plutôt que préférer la crispation des identités refermées sur elles-mêmes est un atout essentiel. Aujourd'hui la diversité culturelle est un fait qui s'impose à toutes les sociétés, y compris à la communauté internationale, par l'intermédiaire de la charte de l'UNESCO, et la cohabitation, un projet politique à construire pour éviter l'enfermement identitaire. C'est là où l'on retrouve la différence normative entre les médias de masse et segmentés. Les premiers sont plus à même de refléter la diversité de la société, tout en garantissant l'identité nationale indispensable pour résister à la déstabilisation de la nation, tandis que les seconds sont beaucoup plus adaptés au fractionnement des sociétés en communauté, y compris au-delà des frontières nationales, en laissant de côté la question du lien social et la problématique de l'identité nationale.

C'est en ce sens que l'organisation des médias n'est jamais indépendante d'une vision de la société et qu'entre les médias de masse et internet, l'opposition n'est pas entre « vieux » et « nouveaux médias », mais entre deux visions de la société. Le reflet de l'hétérogénéité sociale d'un côté, avec la nécessité de faire cohabiter identité et collectivité ; l'acceptation de la segmentation de l'autre (cf. *Éloge du grand public*. Une théorie critique du grand public, 1990 et *Télévision et civilisation*, 2004.). D'ailleurs il y a un paradoxe avec Internet. On se félicite de l'industrialisation de la communication qu'il permet, et en même temps on loue le succès croissant des expositions mondiales et la multiplication des grands musées comme autant de facteurs de démocratisation culturelle. L'industrialisation de la communication n'est pas contradictoire avec cette extension de la culture de masse depuis 50 ans, on a besoin des deux, comme on a besoin de la cohabitation en matière de culture et de communication des logiques de l'offre et de la demande : individualiser les marchés et toucher des publics plus hétérogènes. Simplement il est plus difficile de réunir le grand public, que de satisfaire les publics ciblés.

Il en est de même pour la valorisation de la *laïcité*, c'est-à-dire la séparation du religieux et du politique, comme moyen de faire *cohabiter* un peu plus pacifiquement deux logiques hétérogènes et souvent conflictuelles. La laïcité comme exemple de cohabitation. Moins la laïcité de combat, telle qu'on l'a connue en France, qu'une laïcité de tolérance, à inventer. La mondialisation *et* le retour des religions vont relancer un débat indispensable, pour la paix dans le monde, concernant le modèle cohabitationniste de la laïcité.

Se méfier du concept apparemment moderne de *démocratie d'opinion* qui repose en réalité sur la domination des sondages produisant finalement une vision simplifiée, et rationnelle de la société, gommant les idéologies et la complexité de l'histoire. L'omniprésence des sondages lisse l'indépassable complexité de la réalité, et renforce l'illusion d'une société homogène où chacun parle finalement le même langage et évolue au gré des « opinions ». Vision de la société que l'on retrouve dans le rêve de la « démocratie électronique », où les citoyens, directement, sans les intermédiaires trop compliqués des hommes politiques, débattent et décident librement. En réalité, en politique, comme pour l'information, la connaissance, les sciences…, il faut se méfier de ce qui est apparemment moderne et renforce le mythe d'une société « en direct » débarrassée d'intermédiaires. Certes il y a des intermédiaires douteux, mais le sens que j'accorde ici à ce mot est tout autre. C'est la référence à des métiers qui requièrent une compétence professionnelle et une capacité d'organiser la cohabitation entre points de vue différents. En un mot le rêve de la société du direct ou « live » avec la fin des intermédiaires, et la compétence absolue des individus glisse vite d'une idée d'émancipation à un mirage propice au populisme.

Le modèle politique de la démocratie est de toute façon cohabitationniste. D'ailleurs on le voit dans l'évolution de la conception du lien social. Hier celui-ci était beaucoup plus hiérarchique et unitaire, aujourd'hui il est plus égalitaire et nécessairement pluriel. Cette problématique de la cohabitation se retrouve aussi dans la réalité actuelle de la société individualiste de masse où chacun cherche à faire cohabiter les deux valeurs constitutives et antinomiques de la modernité : la liberté et l'égalité.

L'autre question centrale de nos sociétés ouvertes reste celle de l'altérité. L'autre à la fois, attire et fait peur, mais l'autre a changé de statut. Hier il était lointain, ailleurs, différent, souvent en situation hiérarchique. Aujourd'hui il est ici, au cœur de la modernité, et même s'il n'y a pas d'égalité, il est décidé à conserver ses différences. *Il faut marcher sur deux jambes, accepter l'identité et organiser la cohabitation,* au sein d'un espace plus large. Gérer l'altérité signifie d'ailleurs des droits et devoirs *réciproques*, sinon le modèle de la cohabitation s'effondre. Cela oblige aussi à valoriser un concept essentiel, mais fragile, *celui de la confiance.* La cohabitation suppose la confiance sinon la suspicion mutuelle, mère de tous les communautarismes, s'installe. Et la confiance requiert du *temps.* Autrement dit, pas de cohabitation sans confiance, tolérance et temps. On est au cœur du modèle démocratique à construire qui doit *à la fois* construire le lien social, organiser la cohabitation des identités et apprendre à cohabiter dans le cadre de la communauté internationale.

III – La question de la cohabitation

Liée au modèle contemporain de la communication, elle ne se retrouve pas seulement au sein des Etats-Nations mais aussi, et peut-être encore plus nettement, à l'échelle de la mondialisation. Celle-ci gère en effet deux logiques contradictoires. Du point de vue économique, la perspective reste celle d'un seul marché. L'économie impose sa loi, avec les effets de standardisation et de rationalisation, à la fois positifs et négatifs. Du point de vue social et culturel, surtout depuis la signature de la convention sur le respect de la diversité culturelle à l'Unesco en 2006, l'obligation est posée, du moins dans les principes, de tenir compte des diversités. Cette charte reconnait le fait de la diversité culturelle et l'horizon normatif de la cohabitation culturelle à construire. On est ici au cœur du modèle de la communication que je défends : respecter les identités, organiser la cohabitation. Avec toujours ce même défi. Comment éviter que la reconnaissance des différences donne naissance au communautarisme ? Comment préserver un lien d'intégration au-delà de la simple cohabitation ? Autrement dit tout le débat sur l'organisation de la diversité culturelle au sein de la communauté internationale retrouve la problématique du modèle cohabitationniste dans la communication. Avec à chaque fois cette exigence, au plan national, comme à celui de la mondialisation : pas de reconnaissance des identités sans renforcement du cadre commun, sous peine de segmentation et communautarisation. C'est le rôle de l'Etat au plan national et celui des institutions internationales au plan de la mondialisation. Les deux processus doivent aller de pair, ce qui n'a rien d'évident.

Ceci est d'autant moins facile que l'émergence d'un monde multipolaire, l'arrivée des puissances du BRIC (Brésil, Russie, Inde, Chine) et des autres, la multiplication des médias obligent, sous peine d'un conflit culturel et politique, à introduire un indispensable pluralisme dans les visions et informations du monde. On ne voit pas et ne pense pas le monde de la même manière à New

York, Sydney, Pékin, Brasilia, Moscou ou Delhi. Il va là bien falloir être plus attentif à la diversité des points de vue, donc des informations *sur* le monde, donc des cultures *du* monde. Surtout depuis la fin du communisme en 1990 et l'émergence du monde multipolaire. Là aussi il va falloir apprendre à se connaître, à se respecter et à cohabiter. Immense défi.

Avec cette contradiction : les tuyaux et les systèmes techniques sont mondiaux, sans pour autant garantir le pluralisme. Autrement dit rien ne dit, *a priori* que le village global sera celui de la diversité. Il peut parfaitement être celui de la standardisation, lié à la concentration des industries culturelles et de la communication. Après tout c'est déjà ce qu'il s'est passé avec l'ouverture de la mondialisation économique depuis 30 ans. Pour l'instant celle-ci a plutôt conforté les modèles dominants plutôt que diversifié les modèles économiques. La double pression de la crise et de l'écologie facilitera peut-être le mouvement vers plus de pluralisme.

Ce que je veux dire, c'est que ce modèle de la *cohabitation*, au cœur de la théorie de la communication que je défends, se retrouve dans d'autres problématiques, à une échelle beaucoup plus vaste, sans empêcher d'ailleurs ni les rapports de force ni les inégalités. Le modèle cohabitationniste n'est pas un angélisme, mais il essaye, à tous les niveaux, d'inventer autre chose, entre le modèle unitaire hiérarchisé et la simple juxtaposition des intérêts et des visions du monde.

Cohabiter, qu'il s'agisse de la communication, des modèles d'organisation politique, de la planète, du développement durable, ou des industries culturelles et de la communication, c'est toujours à la fois respecter la pluralité des points de vue sur le monde *et* la nécessité d'un principe commun. *Le modèle* de la cohabitation va donc bien au-delà des rapports entre information et communication, il concerne un des enjeux normatifs majeur de l'organisation interne des sociétés contemporaines et de la cohabitation de celles-ci, au sein de la nation.

La francophonie, par exemple comme la défense de toutes les grandes aires linguistiques (anglais, espagnol, portugais, arabe, russe) qui traverse les continents, participe de cet enjeu : la préservation de la diversité linguistique indispensable au plan mondial. A l'opposé de ce modèle pluraliste linguistique, on trouve la réalité actuelle de la domination d'un mauvais sous anglais, comme facteur de « communication » mondial. La diversité linguistique est un exemple parfait de la nécessité, et de la difficulté, à organiser la cohabitation. Toute langue est au départ une domination, mais avec le temps les langues deviennent un facteur d'identité culturelle et de communication, indispensables à préserver dans leur diversité si l'on veut organiser la cohabitation au sein de la mondialisation. C'est l'enjeu de la défense du pluralisme linguistique. Un seul exemple. Paris, capitale des librairies étrangères, voit leur nombre diminuer rapidement. Elles étaient trente en 2000 et ne sont plus que vingt en 2007. Et toutes avaient été créées avant la mondialisation. Comme quoi il peut y avoir à la fois mondialisation *et* rétrécissement culturel. D'ailleurs en 1900, à Paris, à l'occasion de l'exposition universelle, les panneaux indicateurs dans le métro étaient écrits en 35 langues…

L'Europe est le deuxième exemple, en grandeur nature, du modèle de la cohabitation comme horizon normatif. En quoi réside la profonde intelligence du plus grand chantier démocratique et pacifique du monde ? Dans la capacité à élargir de 6 à 27 pays aujourd'hui, et plus demain, à faire cohabiter des pays que tout sépare, dans un projet où l'identité de tous sera préservée, et où il faut simultanément, pas à pas, construire un cadre plus large, économique, mais surtout finalement politique. L'Europe, le plus grand laboratoire du monde de la cohabitation politique, illustre la place croissante de ce modèle théorique de la cohabitation, où il faut à chaque fois concilier identité et cadre commun. De ce point de vue, le débat, à condition qu'il soit honnête, de l'entrée de la Turquie dans l'Europe, constitue l'enjeu le plus clair de la vitalité et de l'ambition du projet européen.

Autre exemple, la *mondialisation de l'information.* On a vu combien l'explosion technique ne suffit pas ici à mieux se comprendre, même si beaucoup pensaient le contraire il y a 30 ans, avec par exemple la création de CNN en 1980 qui devait à la fois « unifier » les visions du monde et valoriser le point de vue occidental. On connaît le résultat... En fait CNN était encore lié à un modèle unitaire ou l'universalisme « affiché », ressemblait souvent à un occidentalisme. La multiplication des chaînes d'information notamment arabes, oblige à créer un vrai pluralisme. En en attendant d'autres, en Asie, Amérique latine... On passe partout d'un modèle unitaire à un modèle cohabitationniste.

Dernier exemple, les droits de l'homme. Hier une conception, universaliste mais souvent construite avec les critères de l'Occident où ils ont été inventés, aujourd'hui la recherche d'un nouvel équilibre ou l'universalisme devra être repensé, et garanti, à l'aune de la diversité culturelle. Dans cette mutation structurelle du modèle de relation, aussi bien entre les individus qu'entre les Etats, on retrouve cette contradiction : l'indispensable affirmation progressive des identités *et* la nécessité néanmoins d'une cohabitation dans le cadre d'un monde commun dont on ne peut plus sortir. C'est pour cela que ce qui se joue autour de la Méditerranée et du Proche-Orient est autant le prolongement des enjeux du passé qu'un exemple des défis futurs de la cohabitation dans le monde multipolaire. Le modèle cohabitationniste de la communication a finalement une portée beaucoup plus globale, symbolisant justement l'importance de la communication dans un monde ouvert.

C'est peut-être *la musique* sous toutes ses formes qui échappe à l'émergence de cette logique cohabitationniste. Elle est peut-être le seul langage réellement mondial. La seule langue universelle. Et la jeunesse depuis maintenant un demi-siècle, avec toutes les musiques, sur tous les continents, a peut-être été l'agent actif d'une des seules activités réellement universelles. Les musiques sont de formidables passeurs d'ouverture sur autrui et d'efficaces vecteurs de tolérance. Comme si les hommes incapables de s'entendre par ailleurs étaient là pour une fois capables de le faire, justement pour « entendre » et « s'entendre » sur les musiques... C'est pourquoi on ne soulignera jamais assez le rôle que, pour l'instant, les musiques jouent en faveur d'une certaine ouverture, et solidarité du monde. Les musiques comme facteur à la fois d'intégration et de cohabitation. Les sons et les styles plus aptes que les mots, les images et les textes pour faciliter le rapprochement entre les hommes ?...

Chapitre V

Information et connaissance : l'indispensable cohabitation

La révolution de l'information butte sur deux obstacles. Le premier, on l'a vu, concerne la communication, c'est-à-dire la relation à l'autre et l'incommunication. Le second n'est pas plus simple, c'est celui des connaissances. L'abondance d'informations crée impérieusement le besoin de connaissances pour les comprendre. C'est l'objet de ce chapitre. Au centre il n'y a pas seulement les scientifiques, il y a aussi les journalistes. Pas d'information-presse sans journalistes, pour les créer et surtout les légitimer.

I – Les journalistes, une fragile victoire

La victoire de l'information sur deux siècles était impossible sans les journalistes. Leur existence, dans tous les pays, est le symbole et le garant de la liberté de l'information, et rien n'est plus naïf, et dangereux, de croire que demain, grâce aux systèmes d'informations, chacun deviendrait son propre journaliste, rendant caduque l'existence, les droits et devoirs du métier. Les journalistes sont les gardiens, et les héros, de cette fragile victoire de la liberté de l'information. Plus il y a d'informations accessibles, plus ou moins gratuitement, de n'importe où, plus chacun peut tout faire, plus il y a besoin de journalistes pour trier, hiérarchiser, vérifier, commenter, légitimer, éliminer, critiquer.

Si l'usager peut aujourd'hui croire que l'information existe toute seule, puisque elle est si facilement accessible, il ne faut jamais oublier que celle-ci est toujours une construction, validée par un professionnel, le journaliste, et ce quel que soit le support. *Ce n'est pas le support qui donne son sens à l'information, ni le récepteur, c'est le journaliste.* Et dans cette légitimité du journaliste réside le rôle essentiel de la profession d'intermédiaire que beaucoup veulent réduire, voir supprimer sous prétexte de « démocratie directe ». Le journaliste n'a pas toujours raison, c'est comme le politique ou l'universitaire, mais par sa signature il donne la légitimité à l'information.

Comme je l'ai notamment dit dans *L'autre mondialisation* (2003) et *Il faut sauver la communication* (2005), la démocratie ce n'est pas la suppression des corps et métiers intermédiaires, mais la validation de leur rôle et la capacité de les critiquer. Intermédiaire et contre-pouvoir, voilà le rôle des journalistes.

A condition d'échapper à l'illusion du quatrième pouvoir que l'on observe depuis une génération avec la croissance du nombre et du rôle des médias. Le quatrième pouvoir c'est la dégradation du contre-pouvoir et non sa victoire. *Le journaliste n'est ni le copain du citoyen, ni le copain du pouvoir, ni celui du juge.* Sous peine de perdre la confiance du public sans laquelle il ne peut être libre et qui est finalement la seule réelle source de sa légitimité. Il doit se battre sur deux fronts. Vis-à-vis des innombrables pouvoirs et lobbys qui veulent soit « vérifier » l'information, soit la faire eux-mêmes. Vis-à-vis des récepteurs qui ne veulent pas, la plupart du temps, entendre ce qui va à contre-courant de leurs choix. Comme le disait Raymond Aron, le lecteur est souvent la première atteinte à la liberté de la presse. En fait avec l'explosion de l'information, et son accessibilité facilitée, le journaliste est à la croisée des chemins. Soit il est le témoin d'une époque révolue, où l'on avait besoin d'un intermédiaire, inutile aujourd'hui parce que chacun devient journaliste de lui-même. Soit il reste un des principaux vigiles de la liberté de l'information à distance de tous les pouvoirs, garant de l'honnêteté, si ce n'est de l'objectivité rarement atteignable, faisant le tri dans un univers inondé d'informations et où chacun a besoin de ce travail d'intermédiaire et d'explication.

Bien sûr le journaliste n'a pas le monopole de l'information, mais par contre il a celui de la légitimité de l'information-presse, quel que soit le support. Le pluralisme de la presse, et des journalistes, garantit la liberté d'information qui serait évidemment menacée sans ce filtre professionnel. D'ailleurs qu'attend l'Europe, plus grand laboratoire démocratique du monde, pour fixer les règles déontologiques, politiques, culturelles et sociales *communes* visant à légitimer définitivement un métier indispensable à toutes les libertés ?

De toutes façons il faut distinguer, car il n'y a pas « les » journalistes en soi. *Trois groupes* se détachent. Les *stars*, où l'on retrouve à la fois la compétence professionnelle et les risques du renfermement sur le ghetto politico-journalistique. Le monde de la culture et de la connaissance ayant, depuis trente ans, perdu de son prestige, et sa place dans la hiérarchie sociale et culturelle, il est remplacé par « l'élite » journalistique qui commande souvent tyranniquement l'accès aux médias dont tout le monde a besoin. Le deuxième groupe est le plus nombreux, c'est *la classe moyenne*, plutôt modeste, professionnelle, et sans illusions, compétente. La majorité des journalistes, mais sans trop de prestige et subissant le contre coup de la critique concernant le style et les pleins pouvoirs du premier groupe. En bas les *soutiers*, le plus souvent des jeunes prêts à faire n'importe quoi pour « s'en sortir » dans un milieu difficile. Notamment à accepter des conditions de travail déplorables dans le journalisme par Internet, qui seraient interdites dans un autre secteur mais acceptées ici. La frontière entre idéologie technique et nouvelle pratique professionnelle est ici tenue. Toute une génération est persuadée de refonder le métier avec Internet, avec raison parfois, mais en oubliant trop souvent que d'autres générations, auparavant, ont déjà été fascinées par d'autres progrès techniques, qui eux aussi, devaient « révolutionner » le métier…

Dans tous les cas, valoriser le journalisme c'est valoriser aussi les archivistes et documentalistes encore plus indispensables aujourd'hui où l'on se perd dans un océan d'informations. Métiers très injustement dévalorisés, surtout au moment où flotte cette idéologie du « direct » où chacun pourrait tout faire lui-même.

En fait il faut refonder le droit à l'information. Ne pas confondre la différenciation croissante des supports avec le cœur du métier qui ne change pas selon que l'on soit dans la presse, à la radio, la télévision ou Internet. Rappeler que la légitimité du métier repose sur la confiance du public. Comprendre que l'accroissement du poids de l'opinion publique, le droit d'expression du citoyen, les sondages trop largement commandés ou commentés par les médias réduisent la marge de manœuvre des journalistes. Les médias utilisent de plus en plus le recours au public pour savoir « ce qu'il pense et veut », ignorant que ce processus se transforme facilement en système de pression. *L'information est autre chose que l'opinion du public.* A trop vouloir les rapprocher on réduit inévitablement la marge de manœuvre déjà difficile des journalistes. Il en est de même avec l'illusion aussi d'un « nouveau » journalisme, lié aux nouvelles techniques. Comme si c'était la technique et le récepteur qui définissent le métier. A force de faire du « journaliste d'ordinateur » sans jamais sortir des « rédactions multimédia » pour aller enquêter on arrive à une perte de rapport avec la réalité. Celle-ci n'est plus « présente » que par l'intermédiaire des écrans. Il y a d'ailleurs un autre paradoxe. On ne cesse de parler de la « révolution » de l'information, à condition qu'il y ait moins de journalistes. Comme si les progrès dans la santé rendaient inutile le médecin…

Cinq réflexions, au moins, sont à mener. Limiter d'abord *la* fuite en avant vers « l'information libre d'Internet ». Remettre les choses en place. La liberté d'information ne commence pas avec Internet. Même si les journalistes sont souvent tombés à pieds joints dans la « révolution d'Internet » confondant les techniques et les contenus. Dans cet ordre d'idées, lutter contre la solution trop facile du journaliste « multimédia », qui passerait indifféremment d'un support à l'autre, en réalité pour des raisons surtout de rationalisation économique. Mieux apprendre aussi à lutter contre les pressions politiques, mais surtout économiques avec le défi essentiel de réduire la concentration des industries de l'information et de la communication, incompatibles avec le pluralisme. Redessiner aussi les *territoires,* afin de mieux se tenir à distance des différents pouvoirs et éviter « la consanguinité », cause de tant de suspicions. Ouvrir une réflexion sur le rôle croissant des rumeurs et de la désinformation, proportionnelles à l'extension du champ de l'information. Eviter que la personnalisation inévitable de la vie publique ne devienne finalement synonyme de peopolisation. Eviter que les « people » envahissent les plateaux, donnent leurs avis sur tout, deviennent les références, encombrant les esprits, prennent la place de tout. Il y a d'autres hiérarchies de valeurs. La démocratisation n'est pas synonyme de peopolisation mais de cohabitation des valeurs et des cultures dans une société. Résister à la soi-disant demande du public qui aboutit souvent à une surmédiatisation des people et de quelques dirigeants politiques. Maintenir accessible pour le citoyen les trois échelles d'information constitutives de notre rapport au monde ; le local ; le national ; le mondial ; sous peine qu'une dévalorisation de l'une de ces trois références n'aboutisse à un profond déséquilibre. Réduire la pression des auditeurs – récepteurs – internautes qui sous couvert de « démocratie », de « droit à l'expression » et de « participation », interviennent dans toutes les émissions, donnent leur avis sur tout et constituent une sorte de contre-pouvoir douteux aux journalistes. Que le public puisse s'exprimer, commenter et critiquer est indispensable, le mettre dans une sorte de position d'égalité, et parfois de juge par rapport au travail des journalistes, est une autre chose qui confine à la démagogie. Et les journalistes ne compensent pas les défauts d'un travail trop rapide, en vase clos, menacé par le scoop, la peopolisation et l'événementiel, par un recours quasi masochiste à un public qui devient à son tour le juge du travail des journalistes. Réfléchir aussi à cette question : jusqu'où les citoyens peuvent-ils absorber autant d'informations ? Quel ratio entre informations sur le monde et celles concernant l'individu directement ? Comment arriver à réduire ce décalage croissant entre le sentiment d'être « *un géant* en matière d'informations et *un nain* en matière d'action » ?

II – Pas d'informations sans connaissances

Le monde académique, de la recherche et de la connaissance quoi qu'on dise, est écrasé depuis 30 ans par le monde de l'information, des médias, de l'événement, du journalisme. L'information n'a pas tué la connaissance, elle l'a marginalisée, même si le milieu académique porte une responsabilité dans cette marginalisation. Entre la démocratisation de la culture de masse, puis l'emprise des nouvelles technologies et l'émergence de l'information people, tout concourt à marginaliser le monde de la culture et de la connaissance, à quelques exceptions près. C'est l'information, par sa victoire, qui a englouti le culturel et la connaissance avec la vitesse, la brièveté, la concurrence, l'usure des choses et du temps.

Comme si le monde inquiet de son ouverture sur lui-même s'étourdissait dans l'urgence du neuf. Et pourtant, plus il y a d'informations, plus on a besoin de connaissances pour les expliquer et les contextualiser, sous peine de créer un monde incohérent, tyrannisé par l'événement. Bien sûr la connaissance n'a pas toujours raison contre l'information, puisque la force de l'information-événement est justement de bousculer le jeu des connaissances, mais les deux sont indispensables. *D'ailleurs information et connaissance, journalistes et universitaires illustrent parfaitement la théorie de la cohabitation.* Ils sont les premières figures de la cohabitation. On peut se passer de cette cohabitation, mais elle est au détriment des deux. Les universitaires ne peuvent plus refuser la révolution de l'information et se réfugier dans une tour d'ivoire aristocratique. Les journalistes ne peuvent plus s'épuiser, comme le lapin de Lewis Carroll, à courir après l'événement en ignorant la profondeur de la culture et des savoirs. Les deux sont condamnés à coopérer et cohabiter, chacun devant conserver sa légitimité, mais coopérer pour que le récepteur, vous et moi, comprenne la complémentarité, et la différence des logiques dans ces deux rapports au monde. *Gérer l'altérité, organiser la cohabitation.*

• La révolution de l'information n'échappe pas aux connaissances. A quoi cela sert-il d'accéder à toutes les informations si on ne dispose pas des connaissances pour les interpréter ? Comment comprendre, par ailleurs, l'impact des informations sur les savoirs et réciproquement si les deux univers sont trop éloignés l'un de l'autre ? L'idéologie de la vitesse et du direct butte sur l'épaisseur des cultures, de l'histoire et des sociétés. *Le problème n'est pas le volume d'informations, mais les connaissances pour les traiter.* La troisième catégorie d'information, l'information-connaissance, est indispensable pour rééquilibrer les deux autres. D'ailleurs, les universitaires sont les premiers intermédiaires dont le monde de l'information ne peut plus se passer. Il n'y a donc plus seulement l'information et la communication, mais aussi, à importance égale, la connaissance. À quand le retour de l'érudition, de la culture, de l'étendue des savoirs transverses pour compenser cette illusion d'une « connaissance événementielle » sans profondeur dominée par la tyrannie de l'événement ? Internet, compte tenu du volume d'informations accessibles, n'a en général pas plus de dix années de profondeur...

• Journalistes et universitaires sont en réalité des *cousins presque germains*, même s'ils n'ont évidemment pas le même rapport à l'information, la connaissance et la réalité. Ils sont quasi en symétrie, et finalement aussi fragiles. Par ailleurs, et malgré toutes les différences qui les séparent, ce sont deux professions qui sont des empêcheurs de tourner en rond, souvent moins conformistes que d'autres milieux. *L'idéologie du « direct » et de « l'abondance » menace ces deux professions, même si celles-ci n'ont pas le même rapport au temps.* Non seulement elles sont un exemple de cohabitation entre deux points de vue différents, et complémentaires, sur le monde, mais elles sont aussi un exemple de ce que l'un et l'autre sont des intermédiaires pour l'autre.

Un autre point commun les rapproche. L'information-nouvelle qui reflète les ruptures du monde n'est pas sans rapport avec l'information-connaissance qui est souvent *aussi* une rupture dans l'ordre des savoirs. Enfin les uns et les autres doivent maintenir une certaine distance à l'égard des pouvoirs politiques et économiques. Les rapports entre les deux univers professionnels de l'information et de la connaissance vont inévitablement se renforcer du fait que les débats, polémiques et controverses liés à la place des sciences et techniques dans l'espace public augmentent. Les pressions vont être croissantes des deux côtés. La mondialisation et ses dangers obligeront à « encadrer » l'information. Les sciences et les techniques seront de plus en plus au cœur des sociétés et des débats politiques. Face à ces pressions, les deux milieux doivent apprendre à redéfinir leur rapport au monde et à coopérer, à condition que chacun reste dans son espace de légitimité, justement pour que le récepteur comprenne la cohabitation des points de vue.

Le triangle de la connaissance constitué par l'épistémologie comparée, les controverses et les industries de la connaissance, est aujourd'hui beaucoup plus au centre du fonctionnement de l'espace public, et des contraintes de communication, qu'il y a un demi-siècle. Traditionnellement le monde de la connaissance préférait se tenir à distance du monde, aujourd'hui les allers-retours doivent être plus nombreux. Et au-delà de toutes leurs différences une partie des milieux de l'information, de la création, de la connaissance se retrouve dans ce que l'on appelle pour le moment « *la classe créative précaire* ». C'est-à-dire tous ceux qui essayent de comprendre le monde et de le faire bouger mais n'appartiennent pas forcément aux institutions officielles de la société. La connaissance et la créativité, comme l'information, jouent un rôle social, culturel de plus en plus important, contribuant à une certaine mobilité et ouverture, mais sans toujours pouvoir s'insérer dans une société qui demeure par ailleurs assez guindée et structurée.

• De toute façon les informations et les connaissances ne suffisent pas. Il faut en plus prendre en compte *les cadres culturels et idéologiques*. La mondialisation des échanges d'informations et des connaissances oblige, si l'on veut éviter la cacophonie, que les uns et les autres soient attentifs aux autres cultures. C'est tout l'enjeu de la diversité culturelle : *arriver à organiser la cohabitation culturelle, c'est-à-dire les rapports entre identité et altérité.* Il suffit de voir les malentendus croissants liés à la mondialisation de l'information pour comprendre que plus il y aura de messages en circulation plus il y aura de visions du monde en contradiction.

Même chose pour les sciences et les connaissances. Au-delà de ce qui est gentiment appelé « la communauté internationale de la science et des connaissances », les rapports de force, la concurrence et les différentes visions du monde seront de plus en plus visibles, avec la nécessité là aussi de passer d'un monde unique de la science et des connaissances, si tant est qu'il ait jamais existé, à un monde pluriel dont il faudra organiser la cohabitation. Par exemple, si les sciences sont pour le moment moins touchées que l'information, par le difficile débat à venir entre universalisme et occidentalisme, elles le seront aussi, ne serait-ce qu'à travers les rapports de force grandissants, et les points de vue différents sur le monde qui vont résulter de l'émergence de nouvelles puissances. Cela ne concerne pas seulement les sciences de l'homme, mais aussi celles de l'environnement, de la communication, de l'univers, de l'ingénieur... En se rapprochant inévitablement de la société et de l'économie, les sciences se rapprochent des débats sociaux et politiques. Autrement dit, pas de sciences sans communication et prise en compte de la diversité culturelle. Considérable rupture. Ou pour le dire autrement les sciences occidentales ne sont plus seules. D'autres conceptions se feront jour, et les Occidentaux ne seront plus toujours les acteurs dominants des sciences.

• Les relations entre information – connaissance – culture – idéologie sont donc de plus en plus compliquées. Même si ce sont les mêmes techniques que l'on utilise dans le monde pour s'informer et communiquer, rendant apparemment plus facile la circulation des messages. Les mêmes outils ne signifient pas les mêmes contenus, ni surtout les mêmes rapports au monde. Il y a donc plusieurs systèmes de référence à faire *cohabiter* : l'information, les connaissances, les cadres idéologiques et culturels.

Si le monde de l'information, en moins d'une génération, a compris cet enjeu, ce n'est pas encore le cas pour les scientifiques, organisés à la fois sur une base nationale et reliés aux valeurs d'une communauté internationale qu'il faudra défendre. Le monde académique doit également élargir la tradition, aujourd'hui insuffisante, de la *vulgarisation*. Il doit également apprendre à gérer les allers-retours avec la société concernant la place des sciences et des techniques dans les débats publics et les controverses, les rapports entre recherche fondamentale et appliquée, l'ambiguïté de la demande croissante d'expertise, les limites du statut de conseiller des princes... En 50 ans le monde de la connaissance s'est fait marginaliser. Il doit retrouver sa capacité à intéresser, à attirer les jeunes, et à tenir sa place dans les décisions.

Quant aux journalistes dont le niveau d'éducation est nettement supérieur à ce qu'il était il y a 30 ans, ils devraient mieux comprendre que le pouvoir politique et économique n'est pas toujours l'essentiel d'une société : la connaissance, la culture et l'ouverture sur les autres civilisations sont aussi importantes.

« De plus en plus vite, de plus en plus faux ». Telle est peut être la menace la plus forte pour les journalistes. L'idéologie du direct comme symétrie de la victoire politique et culturelle du concept d'information ? Trop de vitesse. Pas assez de distance. Avec le risque du conformisme, la soumission au récepteur et aux modes, la segmentation des supports et des offres, la tentation de l'émotion contre le raisonnement, l'expression au détriment de la distance et du suivi. Les journalistes appliquent souvent la « peopolisation » à eux-mêmes puisqu'ils envahissent les autres médias en fonction de leur renommée médiatique, devenant des « cumulards ».

Il faudrait faire la liste des émissions, sur tous supports, accaparées par des journalistes. Quant aux invités c'est également souvent les mêmes. En 30 ans la multiplication du nombre des médias aboutit à réduire la diversité des contenus et des intervenants...

Par ailleurs, les journalistes ont souvent du mal à tenir une distance critique élémentaire à l'égard d'Internet devenu le symbole de « la liberté de l'information » alors qu'ils en sont peut-être une de ses victimes.

Seule l'information-service sort plus gagnante de cette évolution, mais la question intéressante est de savoir pourquoi ce type d'information, qui est au cœur du succès d'Internet et des marchés rentables de demain, a-t-elle quasi supplanté, en valeur, les deux autres informations ; nouvelle et connaissance ? Comme si le monde de l'information et finalement de la connaissance, n'était plus qu'un immense zapping interactif....

III – Le conflit des légitimités

Dans un monde surchargé d'informations et de connaissances, accessibles de plus en plus facilement, plus ou moins gratuitement, quel est l'enjeu ? *Distinguer des logiques et organiser leur cohabitation. Eviter que tout se mélange.* Souligner les différences afin que le citoyen ne se perde pas dans cette abondance sans repères entre information, culture et connaissance. C'est toujours le même défi. Le monde est un village global du point de vue technique : pas les hommes, les cultures, les visions du monde. Là, c'est toujours la tour de Babel. Si tout se mélange sur le réseau, ce n'est pas toujours le cas dans la réalité. Et plus tout est bout à bout, dans les tuyaux, plus il faut distinguer les contenus dans la réalité car personne ne peut tout mélanger et tout absorber. *On a besoin de la discontinuité, puis de repères de connaissance et de cohabitation pour penser et agir.*

L'idéologie technique ne parle que de vitesse et de continuité, comme dans les systèmes d'information. Les hommes, les sociétés et la communication sont plutôt dans la discontinuité et la cohabitation. Partout cette différence est à rappeler pour préserver *la dualité* entre l'offre et la demande d'information, de culture, de connaissance, de communication. Eviter la domination apparemment démocratique de la demande. Réduire l'idéologie du scoop qui hypostasie la logique de l'événement, au détriment de toute problématique de la durée. Se méfier d'une vision extensive de l'opinion publique renforcée par l'idéologie des sondages. Oui aux sondages dans la politique, à condition d'éviter l'overdose, car de toute façon le vote fait la différence. Non à l'omniprésence de la rationalisation de l'opinion publique par les sondages, dans les domaines sociaux, culturels, religieux, dépourvus de la sanction du vote et qui confortent la représentation d'une société simple à comprendre et interpréter.

Compenser l'idéologie actuelle qui ne parle que d'interactivité avec la nécessité de réaffirmer les différences structurelles entre l'information, la connaissance, l'action. C'est ce que j'appelle depuis *Penser la communication* (1996) « Le conflit des légitimités ». Plus tout est visible et en interaction, plus il faut laisser visible les distinctions entre journaliste, expert, technocrate, universitaire, politique.... Dans un monde où tout « communique » et circule, il est impérieux de *respecter la cohabitation des trois grandes logiques qui structurent le rapport au monde* : l'information, la connaissance et l'action. « *Le conflit des légitimités* » est un des plus grands défis culturels et politiques de demain. Avec pour conséquence de reconnaître que les trois logiques ne sont pas forcément complémentaires, mêmes si elles utilisent les mêmes supports.

Au premier rang des diversités à préserver, celle *des langues*, largement sous estimée autant par les politiques que les médias ou le monde académique. J'en ai parlé ailleurs, (cf. *L'autre mondialisation* (2004) et *Demain la Francophonie* (2006)). Je veux simplement rappeler ici qu'il n'y a pas de diversité culturelle, donc de reconnaissance de la diversité des manières de penser, si on ne respecte pas la première des diversités, celle des langues. Notamment les langues maternelles. On en est loin, quand on voit comment chacun s'imagine que les 500 mots d'anglais maladroitement échangés constituent une « langue universelle ». Le problème n'est pas l'anglais, nécessaire, mais les autres langues, tout aussi indispensables à maintenir. On ne pense pas, crée, imagine de la même manière d'une langue à l'autre. Le pluralisme linguistique est la source de tous les autres pluralismes. La langue est la condition de toute émancipation. Attention aux inégalités qui créent alors insécurité et ghettos. Le pluralisme est la condition pour limiter les dégâts de la rationalisation du monde. On respecte aujourd'hui enfin la diversité dans la nature, pourquoi ne veut-on pas la respecter entre les hommes ? La diversité écologique plus importante que la diversité sociale et culturelle ?

Le pluralisme linguistique, malgré le prix à payer, est la première condition de la diversité culturelle. Dans l'ordre du pluralisme des connaissances, il est également indispensable de maintenir les différences entre le rôle des universitaires, chercheurs, experts, technocrates car les références et les légitimités entre les trois ne sont pas les mêmes. Chacun peut glisser d'un rôle à l'autre, mais à chaque fois de manière distincte.

Deuxième élément de diversité à rappeler, la valorisation des métiers et professions intermédiaires (journalistes, professeurs mais aussi médecins, avocats…) qui gèrent les relations entre les logiques différentes de l'information, l'action, la connaissance. Au moment où tout dans nos sociétés n'est que continuité et interactions donnant le sentiment que chacun peut tout faire, il est fondamental de rappeler le rôle distinct de ces professions qui rappellent l'importance des savoirs et des compétences, et l'illusion d'un citoyen omniscient. L'accès facilité aux informations et aux connaissances n'invalide pas, au contraire, le rôle des spécialistes dans chacun des domaines de l'information, de la culture et de la connaissance. Ces professions intermédiaires sont indispensables pour relativiser l'illusion d'un monde transparent dont chacun serait un « acteur multibranché » Elles rappellent le rôle des connaissances à transmettre. Tout n'est pas dans l'égalité et la communication. Il y a des compétences spécifiques qui justifient la transmission.

Enfin si la prise en compte du *récepteur* est un progrès, car c'est la reconnaissance de l'altérité dans le schéma de la communication, c'est à la condition de ne pas faire de celui-ci la référence ultime. Le récepteur peut devenir tyrannique. Entre altérité et impérialisme la marge est étroite. Rien de pire, sous couvert de tenir compte du récepteur, qui dans la réalité est indifféremment le lecteur, l'auditeur, l'étudiant, le citoyen, que d'arriver justement à faire de celui-ci le détenteur, en dernier ressort, du sens et de la légitimité... Il peut y avoir autant de tyrannie à trop valoriser le récepteur qu'à l'avoir trop « ignoré ».

La force du concept de cohabitation consiste donc dans sa capacité à montrer son importance dans *tous* les rapports à la réalité, pour l'information, la connaissance, l'action. Ceci afin d'éviter un monopole du sens. A condition aussi de ne pas tomber dans la segmentation de la réalité en autant de logiques de références. *C'est le fil du rasoir*, entre la fausse transparence unifiante et la segmentation de la réalité. Entre le faux « tout » et la fausse « singularité».

Conclusion

Communiquer. Y-a-t-il, quelque part, quelqu'un qui m'aime…

L'information et la communication sont inséparables de l'histoire de l'émancipation de l'homme. C'est par la liberté d'information que la connaissance du monde et l'esprit critique ont pu se développer. C'est par la communication que l'égalité entre les individus et la légitimité du dialogue ont pu s'imposer. Elles sont les deux faces de la grande question de l'émancipation. On les perdra ou les sauvera ensemble.

Simplement leur rapport a changé. Si pendant le XIXe siècle et le XXe siècle, le problème central fut celui de la construction de cette liberté d'information, facilitée par un fantastique progrès technique, le défi du XXIe siècle, tout au moins pour le début, est d'une autre nature. Il est d'organiser la cohabitation pacifique de points de vue contradictoires, dans un monde où chacun voit tout, et veut pouvoir conserver son identité et sa liberté d'expression.

La communication ne consiste pas la plupart du temps à partager les points de vue communs entre des individus libres et égaux, mais à organiser la cohabitation entre des visions du monde souvent contradictoires. La communication ? La question qui vient après celle de l'information, et concerne la place de l'acteur-récepteur, celui avec lequel on n'est pas forcément d'accord, mais avec qui il faut négocier, parce qu'il est votre égal.

La communication c'est l'apprentissage de la cohabitation dans un monde d'informations où la question de l'altérité devient centrale. Si la liberté de l'information n'est jamais facilement acquise, l'organisation pacifique de points de vue contradictoires l'est encore moins. En tout cas les deux sont des questions politiques au sens où elles concernent la paix et la guerre entre les hommes. La question de la communication résume donc celle de l'émancipation de l'individu. Le droit de penser, s'exprimer, chercher l'autre, nouer des relations, recommencer, franchir des tabous, construire une certaine vérité, mais aussi rencontrer l'échec, la solitude, l'incompréhension. On est au cœur, à la fois du projet de tout humanisme et de toute politique, et bien au-delà de la performance des techniques. Certes celles-ci sont indispensables, mais elles ne suffisent pas à résoudre cette contradiction : *partager ce que l'on a en commun, autant qu'apprendre à gérer pacifiquement ce qui nous sépare.* Démarche inséparable de la reconnaissance de l'altérité, et de la politique, car elle met en scène la question centrale de toute société, la négociation, la paix et la guerre. Quant à l'idéologie technique, si prégnante aujourd'hui, elle est le symbole de la difficulté, pour le moment, à intégrer les capacités des outils dans un projet humaniste avec en corollaire la tentation d'établir, un peu rapidement, un continuum entre les techniques inventées par les hommes pour communiquer *et* la communication réelle des hommes entre eux.

Je peux résumer les cinq phases du schéma théorique qui organise mes recherches sur la communication, et souligner la vision à la fois humaniste et politique qui la sous-tend. Pas de vie individuelle et collective sans communication. Vivre c'est communiquer. Les individus communiquent, soit pour partager, séduire ou convaincre. Le plus souvent pour les trois à la fois, dans des proportions qui varient selon le temps et l'espace. Ils buttent rapidement sur l'incommunication. L'autre, le récepteur, n'est pas au rendez-vous ou pas d'accord. Si les partenaires acceptent de gérer l'incommunication qui s'installe, commence une phase de négociation entre les points de vue contradictoires. Si cette négociation, souvent quasi permanente, se termine bien, se construit alors la cohabitation.

La communication n'est donc jamais une pratique naturelle, mais le résultat d'un processus fragile de négociation. C'est pourquoi informer ne suffit pas à communiquer, et pourquoi aussi, le plus souvent, sauf dans des moments rares de la vie, et de l'histoire, la plupart du temps, communiquer, c'est cohabiter. Ce qui n'est déjà pas si mal, dans un monde ouvert où personne ne veut abandonner ce à quoi il croit et pense…

Rien n'est pire que de vouloir distinguer la bonne information de la mauvaise communication, comme si chacun, journaliste compris, n'avait pas l'intention de communiquer, partager, séduire ou convaincre, ou les trois à la fois, quand il produit et distribue une information.

Réfléchir à une théorie de la communication, c'est d'abord dé-techniser la question de la communication, réintroduire l'histoire, la politique, les cultures… Retrouver l'importance des sociétés derrière les systèmes techniques.

Deux images pour caractériser ce changement. On parlait du village global comme symbole de la technique triomphante avec Mac Luhan dans les années 1970. Après le 11 septembre 2001, ce n'est plus le village global qui prime, mais la violence du monde ouvert, l'obligation d'organiser la cohabitation culturelle. Ce qui met l'échec et l'incompréhension au cœur de la communication et explique la frénésie des hommes à inventer des techniques toujours plus performantes, qui n'empêchent ni la violence ni les innombrables trous de l'incommunication.

Il faut de toute façon sortir de la technique et retrouver la réalité. Sortir de la néo-réalité des écrans pour retrouver *l'expérience* de la réalité. D'ailleurs l'expérience est la première condition de la communication, celle qui permet de toucher du doigt la question de l'altérité. Non seulement l'information ne suffit plus à créer la communication mais plus il y a de récepteurs, première figure de l'altérité, plus il faut accroitre les expériences pour réduire le risque de l'incommunication.

L'Incommunication ? Elle n'existe pas dans un modèle hiérarchique, car la communication va alors de haut en bas, sans possibilité de discussion. Elle n'existe qu'entre égaux, sinon c'est la soumission et l'autorité. C'est en cela que reconnaître l'incommunication renvoie à l'existence d'une culture démocratique. L'incommunication suppose l'acceptation de rapports humains et sociaux égalitaires. Derrière l'incommunication surgit donc cette réalité fondamentale de l'altérité, dont nous faisons tous l'expérience. C'est pour cela que le progrès technique est ambigu. En accélérant la production, la transmission, l'interactivité et la circulation des messages, il masque involontairement cette réalité de l'incommunication. Pour sortir de l'incommunication il faut aussi valoriser le rôle de tous les métiers *intermédiaires*, journalistes, universitaires et autres… Ils symbolisent la compétence, car tout le monde n'est pas à égalité sur tous les sujets : la transmission des savoirs existe. Ces professions contribuent aussi à un minimum d'intercompréhension en facilitant la négociation entre espaces culturels qui s'ignorent.

De toute façon, avec la mondialisation, l'échelle de l'incommunication s'élargit, et met en premier plan la *diversité culturelle*, qui n'est autre que la réalité de l'altérité à grande échelle. Plus il y aura d'informations et de messages, plus la diversité culturelle fera entendre sa voix, et avec elle, la nécessité d'organiser la cohabitation culturelle. *La diversité est un fait, la cohabitation un projet politique.* Si les tuyaux sont mondiaux, et parfois les messages, les récepteurs ne le sont jamais. C'est pourquoi il ne faut également pas oublier, dans la recherche de la communication, l'importance de la logique de l'*offre liée* à la création, toujours moins satisfaisante que celle de la demande, mais qui illustre justement la volonté de prendre en compte l'hétérogénéité des récepteurs. Le changement en 50 ans a consisté à passer d'un modèle de l'offre à celui de la demande, plus proche de la réalité de la segmentation de la société, avec en contrepoint l'ambigüité du rôle des techniques. Celles-ci, sous couvert de « progrès » et de satisfaire les demandes, peuvent faciliter les communautarismes et faire oublier que l'essentiel dans la communication, reste le *décalage* entre l'offre et la demande.

C'est en cela, aussi, que toute théorie de la communication contient implicitement ou explicitement une théorie de la société. La mienne pose l'incommunication comme horizon de la communication et valorise la cohabitation, autre manière de reconnaître l'égalité des partenaires. Elle conduit aussi à rehausser le concept de *tolérance*. Qui dit cohabitation suppose le primat de la tolérance. La tolérance résulte de l'expérience que l'on fait de l'altérité. Le projet de la cohabitation, car c'est un projet, suppose donc plusieurs conditions : l'*expérience* concrète de l'altérité ; *la tolérance* à l'égard d'autrui ; la référence à *l'universel* comme moyen d'éviter la segmentation. Cohabiter c'est se respecter. Se tolérer, c'est aller plus loin, c'est s'intéresser aussi, un peu, aux uns et aux autres, dans une perspective plus générale qui suppose une référence à l'universel. Si le XXe siècle fut celui de l'information et de la communication, celui du XXIe sera beaucoup plus celui de la cohabitation et de la tolérance. Surtout lorsque les effets de l'incommunication seront davantage visibles.

La théorie de la communication défendue ici est donc, au-delà de la reconnaissance du fait de l'incommunication, une recherche de la cohabitation, une invitation à l'expérience et à la tolérance. *Non seulement informer n'est pas communiquer, mais communiquer n'est pas transmettre, c'est cohabiter. La communication reconnait l'indépassable altérité entre les êtres humains et constitue un appel à un peu plus de tolérance.* Le XXIe siècle un siècle de tolérance ? Ce serait la vision optimiste de la prise en compte du fait indépassable de l'incommunication. Le pied de nez au thème du conflit des civilisations, qui est la version pessimiste du même constat de l'incommunication sur fond d'altérité. Tolérance ou conflit des cultures. Voilà le défi. Après tout, d'autres civilisations dans l'histoire ont été déjà confrontées à ce choix.

Pour illustrer cet enjeu on peut faire une comparaison. En 50 ans, les hommes ont péniblement appris à respecter la nature, après l'avoir effrontément exploitée pendant plus d'un siècle. Ils sont maintenant confrontés à un autre défi, plus complexe : apprendre à cohabiter pacifiquement *entre eux*. Le processus est ici plus difficile qu'avec la nature, car ils se retrouvent directement face à face, si semblables et si différents. Seuls face à eux-mêmes avec leurs démons, et leurs idéaux.

C'est pourquoi l'information et la communication sont une des grandes questions de ce début de siècle. La question de la paix et de la guerre.

Bibliographie indicative

Aron, R., *Mémoires. 50 ans de réflexion politique*, 2 vol., Paris, Julliard, 1983.

Badie, B., *Puissant ou solidaire ?*, Paris, Desclée de Brower, 2009.

Baubérot, J. (dir.), *La laïcité à l'épreuve : religions et libertés dans le monde*, Paris, Universalis, 2004.

Baudrillard, J., Morin, E., *La violence du monde*, Paris, Editions du félin, 2003.

Beauchemin, J., *La société des identités. Éthique et politique dans le monde contemporain*, Montréal, Athéna, 2004.

Beck, U., *Pouvoir et contre-pouvoir à l'ère de la mondialisation*, Paris, Aubier, 2002 (trad.) 2003.

Berman, A., *L'épreuve de l'étranger*, Paris, Gallimard/Tel, 1995.

Besnier, J.-M., *Demain le posthumain. Le futur a-t-il encore besoin de nous ?*, Paris, Hachette Littératures, 2009.

Blondiaux, L., *La fabrique de l'opinion. Une histoire sociale des sondages*, Paris, Seuil, 1998.

Boniface, P. (dir.), *La diversité, un atout pour la France*, Paris, IRIS/Dalloz, 2009.

Calvet, L.-J., *Le marché aux langues : essai de politologie linguistique sur la mondialisation*, Paris, Plon, 2002.

Canetti, E., *Masse et puissance*, Paris, Gallimard, 1960 (trad.) 1966.

CASSIN, B., *Google-moi ! La deuxième mission de l'Amérique*, Paris, Albin Michel, 2007.

CERTEAU (de), M., *La prise de parole. Et autres écrits politiques,* éd. établie et présentée par Luce Giard, Seuil, Paris, 1994.

CORM, G., *La question religieuse au XXIe siècle*, Paris, La Découverte, 2007.

D'IRIBARNE P., *Penser la diversité du monde*, Paris, Seuil, 2008.

DEBORD, G., *La société du spectacle,* Paris, Gallimard, Folio, 1906.

DEBRAY, R., *Le moment fraternité*, Paris, Gallimard, 2009.

DELEUZE, G., GUATTARI, F., *Mille plateaux*, Paris, Éditions de minuit, 1986.

DETIENNE, M., *Comparer l'incomparable,* Paris, Seuil, 2009.

DOCKÈS, P., FUKUYAMA, F., GUILLAUME, M. et SLOTERDIJK, P., *Jours de colère, l'esprit du capitalisme*, Paris, Ed. Descartes et Cie, 2009.

ELIAS, N., *La société des individus,* Paris, Fayard, (trad.) 1991.

ELLUL, J., *Ellul par lui-même,* La Table ronde, 2008.

ESCARPIT, R., *Théorie générale de l'information et de la communication*, Paris, Hachette, 1985.

ÉTIEMBLE, R., *Ouverture(s) sur un comparatisme planétaire*, Paris, C. BOURGOIS, 1988.

FARCHY, J., *Internet et le droit d'auteur*, Paris, CNRS Éditions, 1999.

FREUD, S., *Malaise dans la civilisation*, Paris, PUF, (trad.) 1929.

FRIEDMANN, G., *Ces merveilleux instruments,* Paris, Denoël/Gonthier, 1979.

FUKUYAMA, F., *State building gouvernance et ordre du monde au XXIe siècle,* Paris, La Table ronde, 2005.

GAUCHET, M., *Un monde désenchanté,* Paris, Pocket, 2007.

GRISET, P., *Les révolutions de la communication au XIXe et XXe siècle,* Paris, Hachette, 1991.

GRUNZINSKI, S., *La pensée métisse*, Paris, Fayard, 1999.

HABERMAS, J., *Théorie de l'agir communicationnel*, 2 tomes, Paris, Fayard, 1981.

HAGÈGE, C., *Dictionnaire amoureux de la langue*, Paris, Odile Jacob / Plon, 2009.

HUNTINGTON, S., *Le choc des civilisations,* Paris, Odile Jacob, 1997, (trad.) 2000.

JACQUIN, P., GARANGER, J. (dir.), *Grandes civilisations, Afrique, Amérique, Asie, Europe, Océanie,* Paris, Larousse, 2003.

JULLIARD, J., *La reine du monde*, Paris, Flammarion, 2008.

KEPEL, G., *Terreur et martyre : relever le défi de civilisation*, Paris, Flammarion, 2008.

LE BRIS, M., *Pour une « littérature-monde »,* Paris, Gallimard, 2007.

LÉVI-STRAUSS, C., *L'identité,* Paris, Grasset, 1977.

LOMBARD, D., *Le village numérique mondial. La deuxième vie des réseaux*, Paris, Odile Jacob, 2008.

MAALOUF, A., *Le dérèglement du monde*, Paris, Grasset, 2009.

MACBRIDE, S. (dir.), *Voix multiples, un seul monde,* la Documentation française/Unesco/ Nouvelles éditions africaines, 1980.

MacLuhan, M., *Pour comprendre les médias, les prolongements technologiques de l'homme,* Paris, Seuil, 1964 (trad.) 1966.

Marcuse, H., *Culture et société,* Paris, Éditions de minuit, 1965 (trad.) 1970.

Mattelart, A., *La globalisation de la surveillance,* Paris, La Découverte, Poche, 2008.

Memmi, A., *Portrait du décolonisé arabo-musulman et de quelques autres,* Paris, Gallimard, 2004.

Morin, E., *La complexité humaine,* Paris, Flammarion, 2008.

Morin, E., *L'esprit du temps, essai sur la culture de masse,* Paris, Seuil, (2° édition) 1962.

Mumford, L., *Le mythe de la machine,* 2 tomes, Paris, Fayard, (trad.) 1973.

Noiriel, G., *Immigration, antisémitisme et racisme en France (XIXe – XXe siècle) : discours publics, humiliations privées*, Paris, Hachette littérature, 2009.

Nowicki, J., *L'homme des confins. Pour une anthropologie interculturelle*, Paris, CNRS Éditions, 2008.

Perriault, J., *La logique de l'usage : essai sur les machines à communiquer,* Paris, L'Harmattan, 2e édition, 2008.

Rancière, J., *Le spectateur émancipé,* Paris, La Fabrique, 2008.

Reynié, D., *Le triomphe de l'opinion publique. L'espace public français du XVIe au XXe siècle*, Paris, Odile Jacob, 1998.

Schaeffer, P., *Machine à communiquer,* 2 vol. Paris, Seuil, 1962.

Schnapper, D., *La relation à l'autre. Au cœur de la pensée sociologique,* Paris, Gallimard, 1988.

Sennett, R., *La culture du nouveau capitalisme*, Paris, Hachette Littératures (Pluriel), 2006.

Serres, M., *Hermès*, 5 vol., Paris, Editions de minuit, 1969-1980.

Simondon, G., *Du mode d'existence des objets techniques*, Paris, Aubier, 1958.

Taguieff, P.-A., *L'illusion populiste : de l'archaïque au médiatique*, Paris, Berg international éditeurs, 2002.

Taylor, C., *Multiculturalisme, différence et démocratie*, Paris, Aubier, 1994.

Touraine, A., *Critique de la modernité*, Paris, Fayard, 1992.

Vanbremeersch, N., De la démocratie numérique, Paris, Seuil, 2009.

Virilio, P., *Le futurisme de l'instant : stop-éject*, Paris, Galilée, 2009.

Weil, P., *Liberté, égalité, discriminations*, Paris, Grasset, 2008.

Wiewiorka, M., *Huit leçons de sociologie*, Paris, Robert Laffon, 2008.

LA REVUE HERMÈS (Cognition - Communication - Politique) - Paris - CNRS Éditions (Fondateur et Directeur de la publication, Dominique Wolton)

Hermès n° 1, *Théorie politique et communication*, 1988.
Hermès n° 4, *Le nouvel espace public*, 1995.
Hermès n° 17-18, *La communication politique*, 1995.
Hermès n° 21, *Sciences et médias*, 1997.
Hermès n° 23-24, *La cohabitation culturelle en Europe*, 1999.
Hermès n° 35, *Les journalistes ont-ils encore du pouvoir ?*, 2003.
Hermès n° 38, *Les sciences de l'information et de la communication*, 2004.
Hermès n° 39, *Critique de la raison numérique*, 2004.

Hermès n° 40, *Francophonie et mondialisation*, 2004.
Hermès n° 42, *Peuple, populaire, populisme*, 2005.
Hermès n° 45, *Fractures dans la société de la connaissance*, 2006.
Hermès n° 48, *Racines oubliées des sciences de la communication*, 2007.
Hermès n° 49, *Traduction et mondialisation*, 2007.
Hermès n° 51, *L'épreuve de la diversité culturelle*, 2008.
Hermès n° 52, *Les guerres de mémoires dans le monde*, 2008.
Hermès n° 53, *Traçabilité et réseaux* , 2009.

LES ESSENTIELS D'HERMÈS Paris – CNRS Éditions (Fondateur et Directeur de la publication, Dominique WOLTON)

Francophonie et mondialisation, 2008
L'opinion publique, 2009
Les identités collectives à l'heure de la mondialisation, 2009
Sociétés de la connaissance, fractures et évolutions, 2009

Remerciements

Merci à Claudine, fidèle assistante, pour ce manuscrit et les cinq précédents, cheville ouvrière du laboratoire et de la création de l'Institut des Sciences de la Communication du CNRS (ISCC). Bienvenue à Audrey, qui prend la succession et m'a aussi aidé pour ce manuscrit.

TABLE DES MATIÈRES

Du même auteur (suite)

La France et les Outre-mers. L'enjeu multiculturel (dir.)
Revue *Hermès*, n° 32-33, CNRS Éditions, 2002, 656 p.

Internet. Petit manuel de survie. Entretiens avec Olivier Jay
Flammarion, 2000, 186 p. Traductions étrangères.

Internet et après ? Une théorie critique des nouveaux médias
Flammarion, 1999, 200 p. *Prix Georges Pompidou*. Version poche, Champs, Flammarion, 2000.
Traductions étrangères.

Penser la communication
Flammarion, 1997, 400 p. Version poche, Champs, Flammarion, 1998, 402 p.
Traductions étrangères.

Jacques Delors. L'unité d'un homme
Entretiens avec D. Wolton, Odile Jacob, 1994, 397 p.

La Dernière utopie. La naissance de l'Europe démocratique
Flammarion, 1993, 455 p. Version poche, Champs, Flammarion, 1997, 454 p.
Traductions étrangères.

War game. L'information et la guerre
Flammarion, 1991, 220 p. Traductions étrangères, 1992.

Éloge du grand public. Une théorie critique de la télévision
Flammarion, 1990, 319 p. Version poche, Champs, Flammarion, 1993, 318 p.
Traductions étrangères.

Le Choix de Dieu, la mémoire, l'histoire n'est pas finie
Auteur de deux émissions de télévision (2 x 52 mn) (avec J.-L. Missika)
Diffusion les 11 et 18 janvier 1988, Antenne 2 – rediffusions 29 avril 2005 - France 2 – 10 août 2007 – France 5

Jean-Marie Lustiger. Le choix de Dieu
Entretiens avec J.-L. Missika et D. Wolton Éd. B. de Fallois, 1987, 480 p.
Prix des bibliothèques 1988 – *Prix Jean Jacques Rousseau*, Ville de Genève 1988.
Prix du mémorial 1988.

Terrorisme à la Une. Média, terrorisme et démocratie
Avec M. Wieviorka, Gallimard, 1987, 260 p. *Prix Radio France* 1988.

La Folle du logis. La télévision dans les sociétés démocratiques
Avec J.-L. Missika, Gallimard, 1983, 350 p.

Raymond Aron, spectateur engagé
Auteur de trois émissions de télévision (3 x 52 mn) (avec J.-L. Missika). Diffusion : 11, 18 et 25 octobre 1981, Antenne 2 - rediffusion 21 et 28 novembre 2003, France 2

Raymond Aron, spectateur engagé
Entretiens avec J.-L. Missika et D. Wolton, Julliard, 1981, 340 p.
Prix Aujourd'hui 1981. Traductions étrangères.

Le Tertiaire éclaté. Le travail sans modèle
En collaboration avec la CFDT, Le Seuil, 1980, 371 p.

L'Illusion écologique
Avec J.-Ph. Faivret et J.-L. Missika, Le Seuil, 1980, 91 p.

L'Information demain. De la presse écrite aux nouveaux médias
Avec J.-L. Lepigeon, La Documentation française, 1979, 331 p. *Prix AFIN* 1979 (Associations des Informaticiens français).

Co-scénariste du film *Mais où est donc ornicar ?*
Réalisation B. V. Effenterre avec Jean-François Stévenin, Brigitte Fossey, Géraldine Chaplin, 1979.

Les Réseaux pensants. Télécommunications et société,
Avec A. Giraud et J.-L. Missika, Masson, octobre 1978.

Les Dégâts du progrès. Les travailleurs face au changement technique
En collaboration avec la CFDT, Le Seuil, avril 1977, 316 p.
Prix futuribles 1977.
Traductions étrangères.

Le Nouvel ordre sexuel
Le Seuil, 1974, 200 p.

Achevé d'imprimer en septembre 2015 par

ISI PRINT
15 rue Francis de Pressensé
93210 La Plaine Saint Denis

Dépôt légal : septembre 2009

Imprimé en France